ドラッカーに学ぶ「ハイブリッドワークライフ」のすすめ

浅沼宏和
Hirokazu Asanuma

Peter Ferdinand Drucker

ぱる出版

はじめに
個人のキャリアの充実、人生の豊かさを大きくする考え方が、〝ハイブリッドワークライフ〟！

ハイブリッドワークライフ®（登録第6351295号）**とは成果を中心にしたキャリアの考え方**です。背景には仕事、キャリアを取り巻く社会環境の大きな変化があります。こうした変化の時代を生き抜くための原理原則とは何かを私たちは改めて考える必要があります。

私たちが幸せになるには成果をあげることが必要です。成果をあげることは私たちが幸せになる条件なのです。

経営学者のピーター・F・ドラッカーは、成果とは「為すべきことをなした結果」であり、「成果は外にある」と述べています。つまり、成果とは「やりたいこと」ではなく「やるべきこと」、「自分のため」ではなく「人や社会のため」に関するものなのです。

また、心理学者のアルフレッド・アドラーも「人は他人に貢献することで社会における居場所を持つことができる」と述べています。つまり、多くの人に貢献すればするほど社会における自分の居場所が確固としたものになるのです。

このようにドラッカーもアドラーも成果をあげることの重要性を強調していますが、それは成果をあげることで社会がよりよくなり、自らの価値を高めることになるからです。

本書で取り上げる鈴木良和さん（バスケットボール全日本代表・サポートコーチ）によれば、最近のバスケットボールでは一人ひとりの選手の**オーナーシップ**が重視されるようになっているのだそうです。

オーナーシップとは「所有者」を意味する言葉で、ビジネスの世界でもよく使われています。それは**与えられた任務や役割を他人事として捉えるのではなく、自分自身の問題として真剣に捉えるという意味**の言葉なのです。

「自分自身の問題だから自分勝手にやってよい」というわけではありません。チームのことを自分のことと同じように考えるのです。リーダーシップが他人に働きかける意味で使われることが多いのに対し、オーナーシップは自分が主体的に行動することを強調する言葉なのです。成果をあげるには主体的な行動がカギとなります。

組織や会社に属する人には、今後、このオーナーシップの考え方が求められていくでしょう。しかし、経営者やフリーランスの人のように、仕事における裁量が広い働き方をしている人にとってもオーナーシップの考え方を改めて理解する必要があります。私たちはすべて社会の一員として生きています。

ドラッカーのマネジメント論は、成果をあげて人や社会に貢献することを強調します。そして、真摯に行動することを重んじています。成果をあげることに「真摯」であるとは、主体性を発揮することなのです。

ハイブリッドワークライフでは成果をあげること、主体的に行動することが重要な意味を持ってきます。しかし、ハイブリッドワークライフは特別なものではありません。成果をあげることは当たり前のことだからです。もともとそうした考え方を持ち、実践している人はたくさんいるのです。

ハイブリッドワークライフは個人のキャリアの充実、人生の豊かさを大きくする考え方です。それには社会の一員として成果をあげることが重要になるのです。オーナーシップとは、社会のそうした状況を反映する言葉の一つに過ぎません。

ハイブリッドワークライフは、組織や社会に属してキャリアを歩む人の目線から出発しています。しかし、これからはキャリアの可能性、多様性が従来とは全く違ったものになってきます。年齢、性別、正規・非正規雇用、組織に属している、属していないことの境界線が薄れていくのです。

ちなみに、「ハイブリッド」には、仕事とプライベートのハイブリッド、現在と未来のハイブリッド、複数のライフステージのハイブリッド、といった意味が込められています。

本書は変化の激しい不確実な時代にあっては主体的に行動することがリスクを減らし、可能性を高めるという前提に立っています。結論自体はシンプルです。**幸せになるためには成果を目指して行動することが必要**なのです。

このシンプルな結論を色々な角度から検討するとともに、主体的に行動して独自のワークライフを歩む方たちをご紹介したいと思います。

2021年9月吉日

浅沼宏和

ドラッカーに学ぶ

「ハイブリッドワークライフ」のすすめ●もくじ

第1章 ハイブリッドワークライフとは何？

第2章 なぜこれからの時代には「主体的な行動」が必要なのか

第3章 ハイブリッドワークライフ事例編・1 可能性を追求し、新たな領域を切り拓く

第4章 〝主体的な行動〟で望み通りのキャリアを築く

ハイブリッドワークライフ事例編・2

第5章 制約条件の下で人生の成果を最大化する

ハイブリッドワークライフ事例編・3

第6章　ハイブリッドワークライフを実践する6つの視点

第1章

ハイブリッドワークライフとは何？

1　ハイブリッドワークライフとは何か？

現代社会はかつてないほど大きな変化に直面しています。その変化は政治・経済・社会のみならず環境問題などあらゆる分野に及んでいます。私たちは、その条件の中で生きていかなければなりません。

先進国の中でも日本は特に悪い条件がそろっている国です。少子高齢化、超長期にわたる低成長、巨額の財政赤字、隣国との関係の緊張化など、こうした悪条件が今後も続いていく可能性が高いのです。私たちは個人の力では解決できない厳しい条件を抱えています。

こうした厳しい制約条件の中で、より望ましいワークライフを築こうとするコンセプトが「ハイブリッドワークライフ」です。ハイブリッドワークライフでは制約条件の下での人生の成果の最大化を目指します。それは、どれだけ制約条件が厳しくても、より充実した人生を送るために努力するほうが良いという「素朴な」考え方です。

国や社会、コミュニティ、会社などの組織を頼りにして長い人生を生きていくことは年々難しくなっています。私たち一人ひとりが自立し、主体性を持つ必要があるのです。他人頼みの人生を歩むのではなく、自分自身で人生を切り拓くのです。現代は主体性を持って人生を生き抜く時代なのです。

ハイブリッドワークライフはワークライフバランスとは違った視点に基づいています。ワークライフバランスでは仕事とプライベート、つまりオンとオフを明確に分け、オフを余暇と位置づけます。簡単に言うと、しっかり仕事をして、余暇はくつろぎ、楽しもうという考え方です。

しかし、仕事以外の時間を「余った暇（ヒマ）」と考えてしまうと、現代社会を生き抜くことはできません。厳しい制約条件の中で成果を最大化するためには自分の能力を高め、全力を尽くす姿勢が必要です。ワークライフバランスは厳しい環境を生き抜く考え方としては不十分です。

また、ワークライフバランスを発展させた「ワークライフインテグレーション」という考え方があります。ワークライフバランスのようにオンとオフを分けるのではなく、仕事とプライベートを一体のものとして捉えます。

「9時から5時まで」のような勤務時間ではなく、あげた成果で仕事を評価しようとする考え方です。リモートワークが普及した現在において注目すべき考え方です。

ワークライフバランスとワークライフインテグレーションは、ともに組織や会社が行動するための考え方です。ワークライフバランスは従来の日本型の雇用制度の枠内で働く人を守ろうとする考え方です。

それに対し、ワークライフインテグレーションは終身雇用、年功序列といった従来の雇用制度を、役割や職務を軸にした、いわゆる「ジョブ型」と呼ばれる制度に変えていくうえで必要となる考え方と言えます。

ワークライフバランスとワークライフインテグレーションはどちらも重要な考え方です。この2つの考え方は、組織や会社が置かれている状況や事情に応じて使い分ける必要があります。

しかし、2つの考え方はともに組織、企業の視点に立っています。ワークライフの主体である働く人自身が行動するためのものではありません。ですから、働く人たち自身がどのように行動していくべきかについての考え方を整理する必要があります。これが本書の目的です。

自らの人生に主体的に取り組み、仕事とプライベートを共に充実させようという考え方を本書では「ハイブリッドワークライフ」と名づけています。このコンセプトは社会の行方を鋭く洞察した経営学者ピーター・F・ドラッカーの考えに影響を受けています。また、「人生100年時代」の到来、AI等の情報技術の急速な発展、働き方改革など最近の動向を考慮しています。これらは現代のキャリアに影響を及ぼす重要な制約条件だからです。

激しい変化の時代に必要なのは自立し、主体的に行動することです。他人任せで自分の人生は切り拓けません。仕事や人生に主体的に取り組むことが強く求められているのです。私たちだれもが何らかの制約条件を抱えています。制約条件の種類や大きさは人それぞれです。残念ながらすべての人が望み通りの人生を歩めるわけではありません。貧困や病気などで自己実現どころか、自立することさえ困難な人も少なくありません。

しかし、それ以上に多くの人が主体的な行動を自ら避けています。より豊かな人生を目指せるはずなのに行動しないのです。行動しないことで多くの可能性を失っているのです。ハイブリッドワークライフが焦点を当てるのは、こうした人たちです。

厳しい条件に直面していても、その中で可能性を見つけ行動することで人生はより豊かになるはずです。少なくとも主体的に生きるほうが人生はより充実します。

自分が直面する条件の厳しさを国や社会、会社や学校、家族や友達のせいにすることは簡単です。しかし、自分自身が主体的に行動しなければ人生は豊かになりません。

個人の力で国や社会を変えることは難しいでしょう。会社、家族、友達の考え方を変えることも簡単ではないでしょう。しかし、自分自身の行動は変えることができるはずです。物の見方を変え、行動を変えることで成果は大きくなるのです。

ハイブリッドワークライフでは国の政策や少子高齢化など、個人の力で変えられないことを「制約条件」と捉えます。一方、個人の力で変えられること、影響を与えられることを「問題」と捉えます。**解決できないことではなく、解決できることに注目するのです。これが「制約条件の中での人生の成果の最大化」**の考え方です。

努力は必ず報われるわけではありません。しかし、厳しい条件の中で幸せになるには努力することは不可欠です。厳しい条件の中で努力できることが「生き抜く力」なのです。その努力が実を結ぶようにマネジメントする。そうした考え方やその実践がハイブリッドワークライフです。

「積極的に行動することは大変で気が重い」と考える人もいます。「しんどい思いをしてまで頑張ろうとは思わない」というわけです。また、「変化はいやだ」「今のままで十分だ」と考える人もいます。何かをなし遂げる達成感よりも、現状維持で得られる安心感をより重視するのです。

しかし、行動しなければ良いことは何も起きません。また、現状維持で安心したいという考え方は、変化の時代においてはリスクが高く、気づかぬうちに〝茹（ゆ）でガエル〟になってしまう可能性を持っています。

現代のように厳しい時代だからこそ、主体的に行動することが大切なのです。ハイブリッドワークライフでは、個人の主体的生き方という視点から仕事とプライベートを捉え直します。

2 ドラッカーに学ぶキャリア・マネジメントのポイント

「マネジメントを発明した男」とも呼ばれるP・F・ドラッカーは特に日本で人気のある経営学者です。ドラッカーは社会の動向をよく観察し、そこからさまざまな教訓や原理原則を見つけ、整理したのです。ハイブリッドワークライフのコンセプトはドラッカーのマネジメント論から多くのヒントを得ています。

ドラッカーのマネジメント論の本質は「成果」にあります。ドラッカーは、成果をあげるためにどのような物の見方が必要で、どう行動すべきかを説明しています。あらゆる仕事は成果を目指して行われます。「**必要な仕事を決めるのは成果である**」（『明日を支配するもの』より）と述べているのです。

幸せになるには成果が必要です。ドラッカーは、「**成果をあげることは自己実現の前提である**」（『経営者の条件』より）と述べています。そして、「**強みを生かす者は仕事と自己実現とを両立させる**」（『経営者の条件』）とも述べているのです。

自己実現とは、やりがいのある目標を達成することで得られる満足感のことです。有名な心理学者のA・マズローは、自己実現こそが最も高度な満足を与えてくれるものと述べています。ドラッカーもキャリアを通じての自己実現を重視していたのです。

自己実現は特別なものではありません。それぞれの人にとってのやりがいを追求することで得られる満足感です。与えられた状況の中で成果の最大化を目指すことが自己実現につながります。成果に向かって努力すること、行動することが自己実現の前提なのです。ドラッカーは、「**卓越するには特別の才能が必要だが、成果をあげるには人並の能力があれば十分**」(『経営者の条件』)とも述べています。成果をあげることは一握りの人に許された特別なことではありません。成果とは身近なものなのです。

このようにドラッカーは自己実現、つまり幸せになるためには成果を目指して行動する必要があると述べているのです。ですから、ドラッカーのマネジメント論の本質は「成果」にあると言えるのです。

また、個人のキャリアに関連しては「知識労働」について理解することが大切です。ドラッカーは現代が知識社会であり、主たる資源が知識になったと指摘しました。社会の中で知識労働化が進展したのです。それが個人のキャリア形成に大きな影響を与えています。知識社会では常に新しい知識を身につけることが求められます。さもないと能力が時代遅れとなり、成果をあげられなくなってしまうのです。逆に高いレベルの知識を持つ人はキャリアの可能性が大きく広がります。継続学習の習慣は人生の成果を大きくするための必須条件です。

ドラッカーは知識労働者を「新しい時代の資本家」と呼んでいます。知識社会において有益な知識の持ち主には希少性があります。学ぶことで望ましいキャリアを歩む可能性、自己実現できる可能性が高まるのです。知識社会では、学び続けることが人生の成果を左右します。

知識社会では働く人と組織、特に会社との関係は変化します。重要な知識や能力の持ち主と会社との関係は対等、ないしはそれに準じるものとなります。すると、パートナーシップに近い雇用関係になっていくのです。これが、知識労働者が「新しい時代の資本家」と言われる理由です。

しかし、知識社会には大きな欠点があります。高度に競争的な社会であるということです。希少な知識、能力の持ち主の価値は高まる一方ですが、そうした知識を持たない人たちのキャリアの選択肢は狭まります。そのため、能力を競い合うことが常態化するのです。ドラッカーは、知識社会では「**だれもが勝てるわけではないゆえに、成功と失敗が併存する社会になる**」（『ネクスト・ソサエティ』）と述べています。そのため、だれもが「第二の人生」の備えを持つことが必要であると主張したのです。

望み通りのキャリアを選択できなかった場合であっても、充実した生活を送ること、自己実現を果たすこと、自分の人生に満足できることは必要なのです。

ドラッカーは、「第二の人生」として転職、副業（ダブルワーク）、ボランティアの３つのタイプのキャリアを提示しています。しかし、現代では人生１００年時代の到来と情報技術の発展などでさらに多様なキャリアが可能になりつつあります。

ハイブリッドワークライフは、こうしたドラッカーの考え方を前提にしています。そして、人それぞれの制約条件の中で成果を最大化することが重要だと考えます。自己の可能性を追求することで他人とは比べられない自分だけのキャリア、人生を築くことを目指すのです。

自己実現を果たすには成果を目指して行動することが必要です。制約条件がどれほど厳しいものであったとしても、成果を目指して行動しなければなりません。行動することは自己実現の前提条件なのです。

また、ハイブリッドワークライフでは「主体性」を重視します。どのような制約条件を抱えていても、成果を目指して行動しなければ幸せになれないからです。

3 日本型の雇用を見直す視点―ワークライフインテグレーション

ハイブリッドワークライフに似た考え方としてワークライフインテグレーションがあります。ワークライフインテグレーションは、ワークライフバランスに対する新しい働き方として経済同友会が２００８年に提起した考え方です。

ワークライフインテグレーションもハイブリッドワークライフと同じく、仕事とプライベートとを区別しない働き方を提唱しています。２つの違いは、ワークライフインテグレーションが組織や会社が雇用制度を整備するための考え方であるのに対し、ハイブリッドワークライフは働く人の立場からのキャリアの考え方だということです。

ワークライフインテグレーションは、キャリア論の権威・慶応大の高橋俊介教授の、「そもそも仕事とプライベート、社会生活と私生活、職場と家庭は本当に二者択一なのか、区別したり、優先順位をつけたりすべきものなのか」という問題提起から生まれました。

仕事とプライベートのバランスをとるというワークライフバランスの考え方では、出産・育児、介護などの家庭の都合が生じた場合、一時的に仕事よりも家庭に重きを置くことになります。

しかし、日本では「就社」を前提にした人事制度を採用している会社が多いため、職場復帰が難しい、または職場に復帰しても居場所が見つからないという人が多いのです。結局、退社を余儀なくされて、仕方なくパートなどの非正規雇用の仕事に就かざるを得ないというのが実情でした。これがワークライフバランス、つまり仕事と家庭のバランス論の限界なのです。

これに対し、ワークライフインテグレーションでは仕事と家庭を統合させて捉えます。一見、仕事が家庭に入り込むため、過重な働き方が生まれるようにも思われます。しかし、あえて境界線を無くすことで、仕事と家庭を共に充実させようと考えるのです。

ワークライフインテグレーションは、会社が「働き方改革」を実践していく上で欠かせない考え方です。これまで常識とされた雇用慣行の多くを変えなければ実現できないからです。

これからの経営者、人事担当者はワークライフバランスだけではなく、ワークライフインテグレーションについても知っておく必要があります。ワークライフバランスとワークライフインテグレーションは、どちらも「働く人の人生を豊かにする」ことが目的です。組織や会社が働く人を守るための取り組みのためのコンセプトです。

しかし、ワークライフインテグレーションでは仕事とプライベートの間に境界線を引きません。それによってリモートワークによる在宅勤務やワーケーションのような多様な働き方が可能になるのです。

また、育児や介護、病気療養などの理由で働くことへの制約が大きい人であっても、その人の生活に合わせた働き方を選択してもらうこともできます。

女性、高齢者、外国人など幅広い人たちが働き手として重視されるようになりますから、組織に新しい発想や経験がもたらされます。

働き手の価値観、能力や専門性、意欲、そして彼らのライフステージの状況変化に合わせた多様な働き方も可能になります。会社と個人との間で状況変化に対応した柔軟な関係が生まれるのです。

正社員と非正規雇用の格差が解消に向かい、職業能力向上のための教育機会も用意されるようになります。そして、こうした働き方の変化をＩＣＴ（情報通信技術）や先端技術が支援するのです。

ワークライフインテグレーションによって、長期にわたって日本企業の基本構造とされていた「終身雇用」、「年功序列」などの制度が意味を失います。

これまでは会社に就職すると定年までの雇用、年功賃金、手厚い福利厚生などが保証されてきました。正社員に非正規雇用者より高い処遇をするのは当然のこととされました。その代わり、仕事や働き方に個人の希望はあまり反映されず、会社の都合が優先されたのです。

　しかし、ワークライフインテグレーションでは「就社」という職務が限定されない働き方ではなく、職務や役割を中心とした雇用形態へと変わっていきます。「ジョブ型」と呼ばれる仕事のあり方への注目が高まっている背景にはこうした事情があるのです。

「ジョブ型」、つまり職務や役割を中心とした雇用形態では個人と会社との関係は対等に近づいていきます。「安定を得る代わりに組織からの縛りを受け入れる」関係から、「対等な立場を前提に、多様な選択肢の中から働き方を選び、選択の結果には自己責任を負う」という関係へと変わるのです。

「就社」による働き方から「ジョブ型」へと移行することで人材は流動化することになります。「就社」による働き方では組織の外で通用するスキルを身につけることは困難でした。しかし、職務や役割を中心とする「ジョブ型」の働き方では汎用性のあるスキルが身につきます。すると組織をまたいだ人材の移動が当たり前になるのです。

　こうしたワークライフインテグレーションの考え方は、ドラッカーが提起した知識社会のあり方に対応しています。知識社会では量ではなく質が成果の基準となります。質の高い成果をあげる知識労働者の価値は高まり、組織は彼らを「労働者」としてではなく、「資産」として扱う必要が出てきます。

知識労働者は〝成果をあげる知識〟の持ち主として、組織や会社と対等の関係を持つようになります。ドラッカーは知識労働者を現代における新種の資本家とみなしていたのです。ワークライフインテグレーションは、知識労働者の雇用制度の在り方についてのコンセプトと言えます。

ワークライフインテグレーションは「ジョブ型」の雇用制度となじみやすい考え方です。多様な働き方を可能にするには、職務や役割を明確にしていく必要があるからです。そして、「ジョブ型」の働き方では労働時間の長短ではなく、成果が問われるようになります。すると、働く人にも変革が求められます。いつ働き、いつ休むかを自分で決定し、所定の成果をあげる自己管理が必要になるのです。言われたとおりに仕事をするだけではなく、自ら考え、より質の高い仕事を追求することが求められるのです。どのようにして働く人に自立、変革をうながすかはワークライフインテグレーションの大きな課題です。

ハイブリッドワークライフには、ワークライフインテグレーションの考え方を働く人個人の視点から捉え直そうとする側面があります。自立心を持ち、成果をあげるために自己管理することは長期的に人生を豊かにするものであるという考え方なのです。

ワークライフバランス、ワークライフインテグレーション、ハイブリッドワークライフの違いは次のようになります。

ワークライフバランス、ワークライフインテグレーション、ハイブリッドワークライフの違い

	ワークライフバランス	ワークライフインテグレーション	ハイブリッドワークライフ
仕事観	仕事とプライベートは対立	仕事とプライベートを一体化	仕事とプライベートを一体化
主　体	組織や会社	組織や会社	個人
対　象	組織・会社内で働く人	組織・会社内で働く人・協業する人	すべての人
期　間	組織・会社に在籍する期間	キャリア（中断中を含む）を終えるまでの期間	人生全体
特　徴	・仕事（オン）とプライベート（オフ）とを区別し、オフ（余暇）の時間をしっかり確保することを雇用者に求める考え方。 ・「9時から5時まで」といった、成果が量で測られる仕事に対応している。	・仕事とプライベートを一体化として捉え、多様な働き方を可能にすることを雇用者に求める考え方。 ・仕事とプライベートの活動を自己管理することが求められる。 ・成果を仕事の質で測る知識労働に向いた考え方。	・仕事とプライベートを一体化として捉え、人生の成果を最大化するために個人が持つべき考え方。 ・現在の成果、将来の成果、土台となる健康の3つの領域に時間、努力を配分する。 ・組織や会社が用意する制度に依存せず、それぞれの制約条件の中で最も満足できるライフスタイルを選択する。

4　主体的に行動して人生を豊かにするハイブリッドワークライフの考え方

ワークライフインテグレーションと同じく、ハイブリッドワークライフでも仕事とプライベートの間に境界線を引きません。

しかし、ワークライフインテグレーションが組織や会社側の視点であるのに対し、**ハイブリッドワークライフは働く人の側の視点です。**ワークライフは個人の人生そのものであり、働く人自身の立場からワークライフを考えることが大切です。

現代社会にはさまざまな制約条件があり、それは厳しくなる一方です。厳しい社会を生き抜く力とは成果をあげる力に他なりません。成果をあげる力が弱ければ、人生を豊かにすることは難しくなります。

ハイブリッドワークライフでは、人生の成果を最大にすることを目指します。仕事の成果もそこに含まれます。ドラッカーも指摘したように、成果をあげること自体は特別なことではありません。適切に行動すれば成果は必ずあげられます。

卓越した成果をあげるには才能が必要です。しかし、成果自体はだれにでもあげられます。人はそれぞれ異なる制約条件を抱えており、可能となる成果もそれぞれです。しかし、その制約条件の中で可能性を追求し、成果を最大化することが「豊かな人生」、「納得できる人生」の近道なのです。

人生の満足度を高めるには努力、積極的な行動が大切です。具体的には、

①現在の成果をあげること

②将来の成果をあげる準備をすること

③土台となる肉体・精神・社会的な健康を増進すること

の3つの領域に時間や努力を配分するのです。

人生の幸せ、自己実現や生きがいは、より大きな目的・目標に向かって行動することで得られます。何も行動しないこと、つかの間の娯楽に時間を費やすことでは人生の満足度は高まりません。ハイブリッドワークライフでは主体的な行動を重視します。

現代のように厳しい時代を生き抜くためには、主体性を持って行動することが大切です。**主体性とは、自分自身で考えて積極的に行動することです。それは、決められたことに積極的に取り組む自主性とは異なるものです。**

高度経済成長期には昔ながらの〝体育会系の人材〟が重宝されました。組織や上司の命令に従順で、指示されたとおりに全力で取り組む人材、つまり「自主性」のある人材です。

しかし、**変化が激しく、不確実性の高い現代社会では自ら考えて行動できる人材、つま**

自主性と主体性の違い

●**自主性**とは、
決められたことに積極的に取り組むこと

●**主体性**とは、
自分で決めて積極的に取り組むこと

今、
求められる
のはコレ！

り、「主体性」のある人材が求められます。厳しい時代を生き抜くには自主性よりも主体性が重要になるのです。

ワークライフインテグレーションでは、主体的な人材育成の重要性が指摘されています。日本型雇用の特徴である「就社」、つまり終身雇用や年功序列に代えて、職務や役割が明確な「ジョブ型」の働き方が広まると、成果を自己管理する能力が問われるようになります。

「9時から5時まで」きちんと働いているかを監視されるのではなく、あがった成果の質で評価されるようになるのです。コロナ禍によるリモートワークの普及でこうした働き方をする人は増えつつあるのではないでしょうか。

一方、ワークライフインテグレーションの考え方が登場する以前から、仕事とプライベートを区別しない働き方をしている人たちはたくさんいました。経営者、クリエイター、フリーランサーといった人たちです。

こうした人たちの多くは元々時間にとらわれない働き方

をしています。仕事とプライベートとを区別せず、あげるべき成果から逆算してやるべきことを実行していたのです。平日の昼間にプライベートな時間の使い方をすることもあれば、深夜や休日に落ち着いて仕事をすることもあります。

はたから見ると昼も夜もなく働いているようにも見えますが、彼らはより大きな成果に取り組んでいることにやりがいを感じているのです。仕事の成果と自己実現とが一体化したワークライフを持っているのです。

つまり、ワークライフインテグレーションが求める働き方とは、経営者やフリーランサーのような働き方なのです。自立し、主体性を持って働くことが求められているのです。いつ、どれぐらい働くのかを自分自身で決めるのです。

これからは、組織や会社に所属して働くことと、経営者やフリーランサーとして働くこととの間の境界線がだんだんなくなっていきます。ですから、すべての人が自らの人生、自らのキャリアに主体的に取り組む必要があるのです。**すべての人は「自分の人生の経営者」なのです。**

ハイブリッドインテグレーションは、知識社会化に合わせた雇用制度、個人の自立を求める働き方への動向を反映しています。それは、あらゆる人が主体的に行動しなければならない時代になったのです。組織、会社に属していなくても主体性を持って生きる必要があるのです。

ハイブリッドワークライフとは、そもそも主体的に生きている人、具体的には経営者、クリエイター、フリーランサーにとって当たり前の考え方や行動はすべての人にとっても当たり前とするものです。

それまで、「サラリーマンは自由業とは違う」と捉えられていた認識を変え、主体性が必要という点はだれでも同じと捉えるのです。本書は、その状況に自ら気づき、考え、行動していくための手がかりを事例を通じて提供することを目的としています。

組織や会社の側から、「あなたはこれから主体的に行動するのですよ」と指示されるのは本末転倒です。**ハイブリッドワークライフは働く人が自らのワークライフを模索するための考え方なのです。**

5　主体的行動とモチベーションの関係とは

ワークライフバランスやワークライフインテグレーションは、組織や会社における雇用制度のための考え方です。特に、多様な働き方を可能にするワークライフインテグレーションは、新時代の組織づくりにとってますます重要になっていくでしょう。

組織や会社がワークライフインテグレーションを実践していくには、その組織、会社がより多くの価値を生み出すことが必要になります。したがって、先端領域にある企業、高業績企業が実践しやすい考え方と言えます。

日本では「失われた30年」とも呼ばれる長期的な経済停滞期が続きました。多くの業界、産業が成熟化もしくは衰退し、経営体力を失う会社も数多くありました。こうした会社が好業績企業と同様にワークライフインテグレーションに取り組むことは、決してやさしいことではありません。

また、ワークライフインテグレーションの恩恵を最も受けるのは高度な知識労働者です。明確な職務や役割を与えられ、質の高い成果を求められる働き手のために、多様な選択肢を組織や会社が用意するのです。

つまり、ワークライフインテグレーションは、比較的先進性の高い組織や会社、高度な知識労働者に適用しやすい考え方なのです。会社の立場からすれば、ワークライフインテグレーションを実践することは、組織、会社を成長させる経営戦略上の有力な指針となりうるのです。

しかし、多くの組織、会社はそこまで先進的ではありません。成熟化した業界、衰退しつつある業界、経営体力の弱い中小企業などでは実践が難しい側面もあります。おそらくワークライフインテグレーションに積極的に取り組む組織、会社が多数派を占めるようになる可能性はあまり高くはないでしょう。ハイブリッドワークライフの考え方が必要な理由はここにあります。

こうした制約条件の中でも主体的に行動したほうが個人の人生はより豊かになります。制約条件が厳しくても自らのキャリアの可能性を追求したほうが、人生の成果はより大きくなるでしょう。

人生の成果を最大化するには主体的な行動が必要です。それには、高いモチベーションが必要です。では、主体的な行動をもたらすモチベーションとは何でしょうか。「モチベーション」は身近な言葉ですが、その意味は必ずしも明確ではありません。

また、似たような言葉である「やる気」との違いもあいまいです。そこで、やる気とモチベーションについて整理しておきましょう。

仕事にやりがいを見出せず、いやいやながら働いている人も少なくありません。モチベーションを高めることは人生を豊かにするために大切なことなのです。

モチベーションとは長期的な行動を生み出す原動力です。これに対し、短期的な行動の原動力となるのが「やる気」です。やる気は熱気やテンションの高さに関係しています。脳内物質のドーパミンが分泌されることでやる気が高まるのです。

しかし、やる気は持続しません。スポーツやゲームなどに熱中している状態から、急速に冷めた経験はだれでもお持ちでしょう。やる気とは、いわば生理的な現象です。高いレベルのやる気は数時間も持続しません。

やる気が短期的な行動を促すものであるのに対し、モチベーションは長期的な行動の原動力です。そして、モチベーションの高さは目標に関係しているのです。自分自身の目標が明確であり、チャレンジしがいがあればモチベーションは高まります。

モチベーションには段階があります。モチベーションが低い段階、つまり行動する気力があまりない人には「飴（アメ）とムチ」が有効です。行動すればご褒美がもらえますが、行動しなければ損をするのです。「飴とムチ」は主体性の乏しい人、行動力のない人を動機づけるのに有効です。

しかし、「飴とムチ」には限界があります。「飴とムチ」では高いレベルのモチベーショ

やる気とモチベーションの違い

やる気は、**短期行動**の原動力
（Tension）

モチベーションは、**長期行動**の原動力
（Motivation）

・**外発的動機づけ**　＊いわゆる飴（アメ）と鞭（ムチ）
↕
・**内発的動機づけ**　＊主体的行動の原動力
①目標がある　②自ら決めている　③成長の実感がある

ンが得られないのです。特に、高度な仕事、チャレンジ性の高い仕事、クリエイティブな仕事の動機づけには不十分であることがわかっています。

実は、高いレベルのモチベーションを生み出すのは自ら決めた目標です。チャレンジしがいのある目標を自ら決定し、その目標に向かうことで成長の実感や達成感を得られることが高いモチベーションを生み出すのです。

「飴とムチ」を外発的動機づけというのに対し、自ら高い目標を決め、行動することを内発的動機づけと言います。つまり、「やりがいのある仕事」はだれかが与えてくれるものではなく、自ら作り出すものなのです。ハイブリッドワークライフでは内発的動機づけを重視します。

人生を充実させるには「やりがいのある仕事」が必要です。しかし、それは自ら作り出すものなのです。**会社のような組織に属している人であっても、「やりがいのある仕事」は自ら作り出さねばならないのです。**主体的な行動こそが高いモチベーションにつながるのです。

もちろん、会社のような組織の側でも「やりがいのある仕事」を用意する努力が必要です。自社が社会に提供する価値は何か、その仕事にはどのような意義があるか、などについて働く人に説明する必要があります。社会に提供する価値が明確でなければ、そこで働く人がやりがいを見出すことは難しくなります。せいぜい、「飴とムチ」による平均的なモチベーションしか期待できないでしょう。

しかし、どのような状況にあっても働く人は自ら「やりがいのある仕事」を作り出さなければなりません。「会社がやりがいのある仕事を与えてくれない」とボヤいて行動しなければ、モチベーションは高まらず、豊かな人生も手に入らないのです。モチベーションは組織のために高めるものではなく、自分自身のために高めるものなのです。

高いモチベーションを持って行動すれば、長い人生で良いキャリアを築く可能性が高くなるのです。

6　ハイブリッドワークライフへの理解をより深める

ワークライフバランスやワークライフインテグレーションが雇用制度のためのコンセプトであるのに対し、ハイブリッドワークライフでは働く人自身の持つべき考え方を提起します。そこには個人が主体的に行動することで、人生がより豊かになるという前提があります。

こうした考え方は特別なものではなく、多くの人がすでに実践しています。しかし、従来の日本型の雇用制度の中で、組織や会社で働く人たちにこうした考えを持つことはあまり求められてきませんでした。働く人には「就社」意識があり、自身の職務や役割をあまり意識することなく、組織や会社に身をゆだねるワークライフが一般的でした。

ところが、日本型雇用制度が大きく変化し、「ジョブ型」の働き方への意識が高まる中で、組織や会社で働く人にも自立や主体性が求められるようになりました。ハイブリッドワークライフという言葉には、こうした雇用制度の変化に対応する働く人の側が持つべき考え方という意味を込めています。

では、組織や会社で働く人以外にはハイブリッドワークライフの考え方は必要ないのでしょうか。そんなことはありません。ハイブリッドワークライフはすべての人が知っておくべき考え方です。今後は、組織や会社で働く人とそうではない人との境界線があいまいになっていくからです。

雇用制度が変化し、働く人の自立、主体性が求められるようになることは、経営者やフリーランサーのようなマインドを持つことが不可欠になります。仕事の自己管理が求められ、より質の高い仕事を自ら定義し、実行することが求められるようになるのです。

そうした職務能力を持つことで、組織や会社との関係も対等なものとなり、転職や副業（ダブルワーク）、家庭の事情でいったん仕事から離れ、また復帰することも可能になるのです。

逆に、フリーランスで働く人が組織や会社と連携して働くことも増えていきます。最近では、プロジェクトのメンバーとして一時的に組織に属するような働き方もどんどん増えています。雇用関係にあるかないかの区別にあまり意味はなくなるのです。

だれもが主体的に行動し、人生における成果を最大化することが必要です。それは時代を超えた普遍的な原則です。

ハイブリッドワークライフは、その当たり前の原則を組織の雇用制度の変化の観点から整理し直した考え方です。それは今までなかった新しい生き方なのではなく、すでにある生き方に特定の方向からスポットを当てたものなのです。

ハイブリッドワークライフという特別な生き方があるわけではありません。**主体的に行動し、より豊かな人生に向かって努力するという積極的な生き方があるだけ**です。そうした生き方を仕事とプライベート、個人と組織といった観点で整理したコンセプトがハイブリッドワークライフです。

本書では多くの方の事例をご紹介していますが、その方たちは「ハイブリッドワークライフ」を送っているわけではありません。ご自身の人生に真摯に向き合い、主体的に行動しているだけなのです。

ハイブリッドワークライフは制約条件の中での成果最大化のコンセプトです。現代の日本の雇用環境の制約条件としては、経済の停滞、働き方改革、「人生１００年時代」の到来、ＡＩの影響による職業の盛衰などがあります。第２章では、そうした制約条件を中心にハイブリッドワークライフを考えていきます。

第2章

なぜこれからの時代には「主体的な行動」が必要なのか

1　ミスはゼロに、失敗は適切に増やすことが正しい

ハイブリッドワークライフは主体的に行動することで人生の成果を最大化すること、より満足のいく人生を送ることを目指す考え方です。努力や積極的行動はそのための前提条件です。失敗を恐れず、積極的に行動することで人生を切り拓くことができるのです。

ところが、努力や積極的な行動に否定的な考え方をする人が多いのです。

たとえば、日本生産性本部が１９９９年から21年間続けてきた、新入社員に対する「働くことへの意識調査」（２０１９年度で終了）の結果は、現代の若者のキャリア観をよく示しています。

注目すべきは、働き方について「人並で十分」と考える新入社員が６割を超えていることです。その一方、「自分の能力を試したい」と考える人は1割程度しかいないのです。

人は自分に得になるように考え、行動しています。「人並で十分」、「能力を試したいとは思わない」人は、それが自分の得になると考えているのです。「人並み以上に働くのは損、チャレンジはしたくない」というわけです。つまり行動や失敗をネガティブに捉えているのです。

しかし、こうした物の見方は決して得にはなりません。その理由を考えてみましょう。

この意識調査には問題点があります。質問の前提となっている物の見方があいまいなのです。「人並」と「チャレンジ」について考えてみましょう。

「人並」はとてもあいまいな言葉で、人によって受け取り方が違います。そこで、「100人います。〝人並〟とは何番目を指しますか？」という質問を考えてみました。そして、6年間で1000人を超える若手のビジネスパーソンにこの質問をしてみました。

その結果、「50番目、51番目」と答えた若者が6割強になりました。次に多かったのは、意外ですが、「60番目～70番目」と答えた人です。比率にすると20％程度になりました。このように、「人並」の意味は人それぞれ違うのです。

こうした物の見方の違いはどこから来たのでしょうか？　それを考える上で、正規分布と対数正規分布を知る必要があります。

「人並」を50番目、51番目と考える人は正規分布を前提にしています。正規分布とは確率的な分布が富士山のように左右均等になるグラフです。正規分布を前提にすると、ちょうどまん中の人が〝人並〟になります。

ところが、自然現象や社会的現象の多くは正規分布ではなく、対数正規分布になることが分かっています。なんだか難しそうに聞こえますが、対数正規分布は私たちの身近なグラフなのです。

たとえば、同じ給料で入社した人たちのうち、毎年、一定の割合の人を一定の比率で昇給させるとします。昇給する人はランダムに選ぶこととします。これを何十回も繰り返すことで得られる結果を表したグラフが対数正規分布です。正規分布に比べて片寄った分布のグラフになります。

多くの人は対数正規分布する現象を「正規分布している」と勘違いをしてしまうのです。たとえば、毎年、ニュースなどでも話題にされるサラリーマンの平均年収についても誤解があります。

サラリーマンといっても、年収２００万円にも満たない非正規労働者もいる一方、外資系企業などで数千万円をもらっている人もいます。こうした人たちの年収は左頁の下の図のように対数正規分布を描くのです。

対数正規分布では平均値は中央値より大きくなります。中央値とは、「１００人中50番目、51番目」のことです。平均値の人は40番台になり、平均以下の人の方が多くなります。しかも、中央値より少し下の人たちが多数派集団になるのです。

また、分布図を見てすぐわかるように中央値よりも低い数字がグラフのピークになっています。グラフのピークは似たような人が固まって存在するボリュームゾーンを表しています。

自然現象・社会現象の多くは右のグラフのように分布する

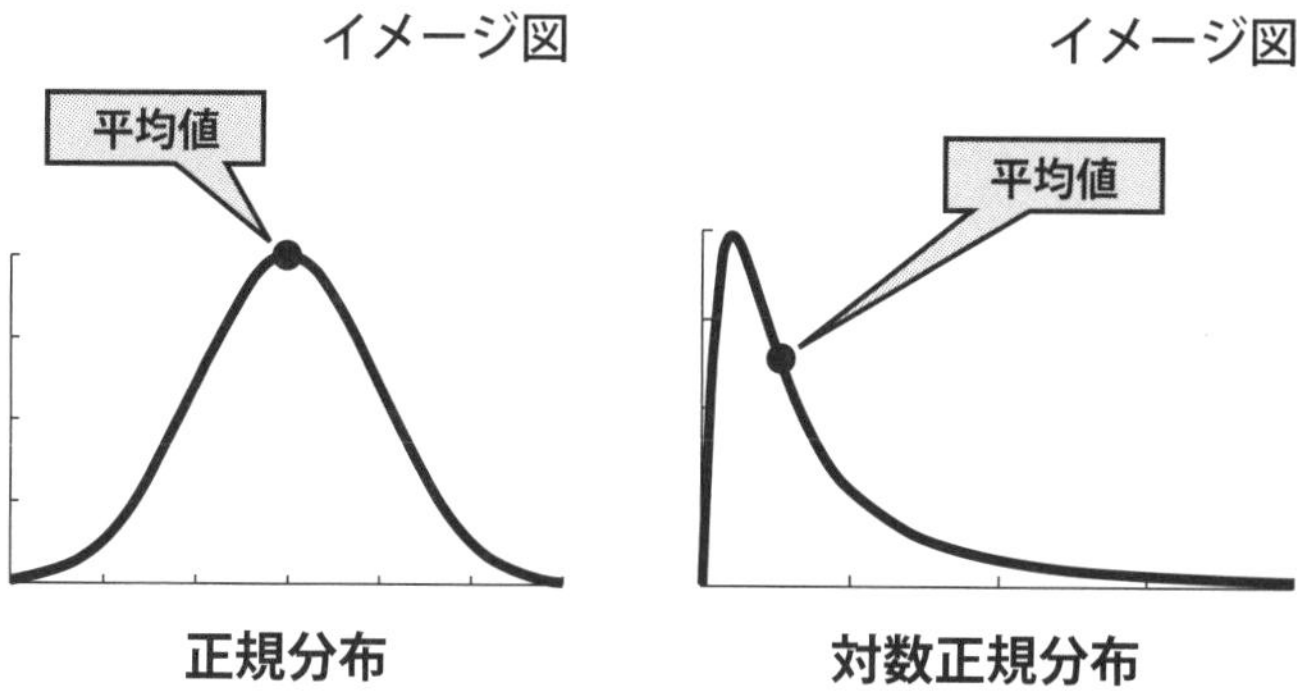

サラリーマンの平均年収の分布

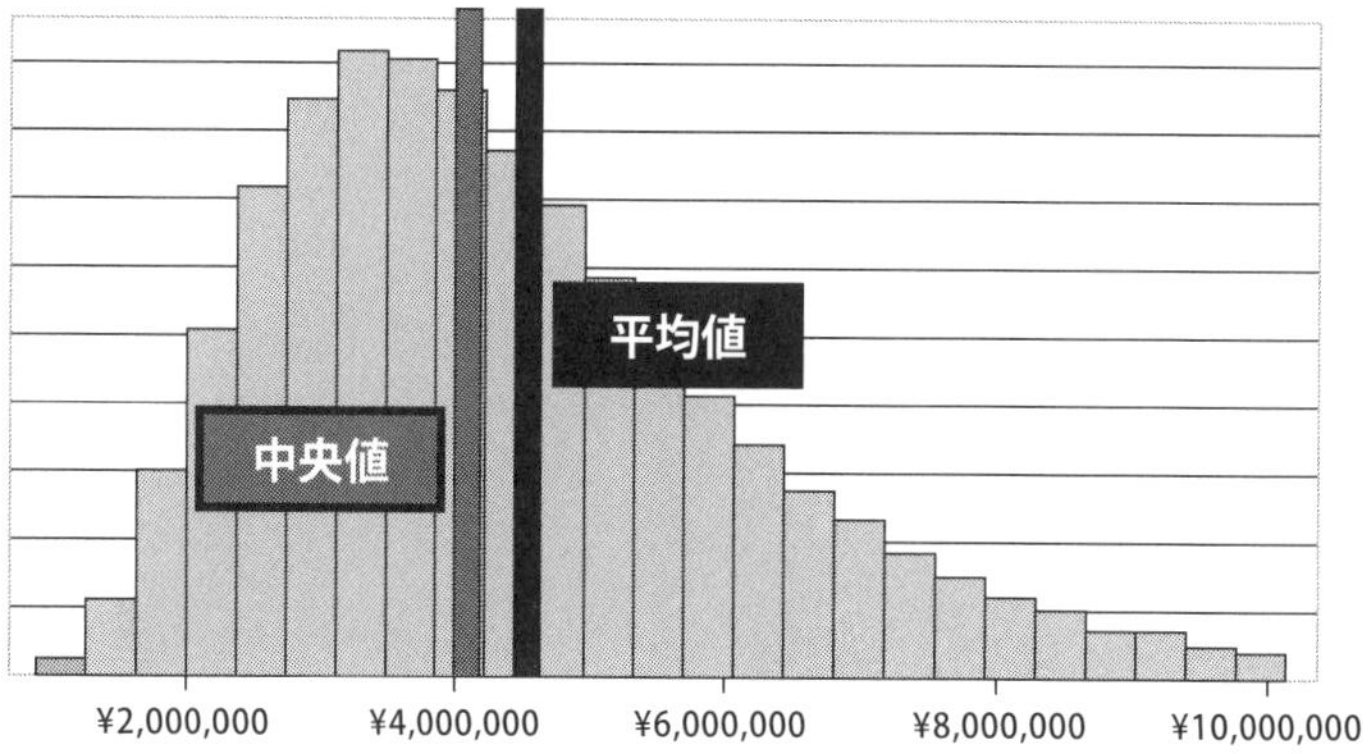

●出典：厚生労働省平成29年度国民生活調査「所得分布状況」を参考にして作成。

ボリュームゾーンは、いわば多数派のエリアです。対数正規分布では60番〜70番の人たちは〝多数派〟になりますから、「自分たちは〝多数派〟だから〝人並〟なのだ」と考えてしまうのです。

そのため、「サラリーマンの平均年収が○○万円」というニュースを聞く場合、「自分は〝人並〟に働いているのに、年収は〝人並〟以下だ」と不満を持つ人が出てくるのです。その人たちは「平均値」を「中央値」や「ボリュームゾーン」と取り違えています。

成果も対数正規分布を描いていると考えられます。すると、〝人並〟以下の成果しかあげていない人が多数派になります。ところが、そうした人たちの多くが、「自分は〝人並〟以上の成果をあげている」と勘違いしている可能性があるのです。

成果の少ない人ほどキャリアにおけるリスクが高くなります。ところが物の見方が適切ではないため、多くの人はキャリア上のリスクを低く見積もっている可能性があるのです。

次に、「チャレンジしたくない」という問題です。多くの人が「失敗したくないからチャレンジしたくない」と考えています。しかし、そこにはミスと失敗の取り違いがあると思われます。

ミスと失敗は日常的には区別せずに使われています。しかし、この二つは全く違う意味の言葉です。

ミスと失敗の違い

ミス………**正しくない**　＊ゼロにする
（Mistake）

失敗………**成功に至らない**　＊適切に増やす
（Failure）

ミスとは「正しくない」ことです。原語でmistakeです。間違いや正しくないことは無くさなければなりません。**ミスはゼロにすべきものなのです。**

これに対し、失敗とは「成功に至らなかった」という意味です。原語はfailureです。成功には失敗がつきものです。失敗は試行錯誤の結果です。**失敗は成功するまで繰り返すべきものなのです。**

たとえば、科学者は実験の成功までに何百回も失敗を繰り返します。正解が分からない以上、失敗し続けるしかないのです。しかし、その失敗はミスではありません。成功に必要な試行錯誤なのです。成功には失敗がつきものです。大きな成功をしようと思えば、それだけたくさんの失敗、つまり試行錯誤が必要になります。

ミスはゼロにすべきで、失敗は適切に増やすべきものです。成功に失敗はつきものです。**「失敗したくないからチャレンジしない」という考え方は、「成功したくないからチャ**

レンジしない」と同じことなのです。

ここまで理解した上で「チャレンジしたくない」と思っている人は多くはありません。間違った物の見方によって、「チャレンジする」という適切な行動が妨げられているのです。いかがでしょうか。〝人並〟や〝失敗〟といった初歩的な言葉をどう理解するかで、「何が得な行動なのか」が違ってくるのです。

ドラッカーも、「**優れた者ほど失敗は多い。それだけ新しいことを試みるからである。失敗をしたことのない者は凡庸である**」（『現代の経営』）と言っています。人生の成果を最大化するためには、適切に失敗し続ける習慣が必要なのです。

ドラッカーのマネジメントの本質は「成果をあげるために行動する」ことです。成果をあげるには試行錯誤、つまり失敗が不可欠です。ハイブリッドワークライフでは失敗をポジティブに捉えます。長い目で見れば、色々なことにチャレンジし、積極的に行動するほうが、〝得〟になるのです。

2 日本で生きる私たちを取り巻く厳しい制約条件

現代は変化の激しい時代です。私たちを取り巻くリスクは増大する一方です。主体的に行動していかなければ長い人生で成果を大きくすることはできません。

ところが、多くの人は「チャレンジしたくない」と考えています。「失敗」するのが嫌だからです。しかし、失敗は成功の前提条件です。変化の激しい時代にあっては適切な失敗を習慣化することが大切です。

多くの人がチャレンジしない大きな理由は、〝人並〟で十分と考えているためです。〝人並〟で十分なのだから、苦しい思いをする必要はないというわけです。

しかし、先に見たように〝人並〟には大きな誤解がつきまとっています。6割近い人は実は〝人並以下〟なのです。ところが、「自分は〝人並〟だ」と考えているため、努力の必要がないと思うのです。チャレンジを習慣化し、継続的に学び続けなければキャリアの選択肢を狭めることになります。

さらに、日本には特有の制約条件があります。特に重要な「少子高齢化」、「長期的な経済の停滞」について整理しておきましょう。

少子高齢化は全ての先進国に見られる傾向ですが、日本はその傾向が最も顕著な国です。

ドラッカーは、**高齢化よりも少子化のほうがより本質的に国家の力を減退させるものと指摘**しました。国家の力の源泉は人口にあり、少子化はその力を根本的に衰退させる現象だからです。

社会の活力は出生率に現れます。長寿者が増えることではありません。少子化はその社会が活力を失いつつある証拠なのです。少子化が進む社会では、長寿化が進むことはリスクを増大させます。社会の担い手が減る一方で、社会が扶養すべき人たちが増えるからです。世界一の長寿国となったにもかかわらず、日本の総人口は２００８年に減少に転じました。この現象は「団塊ジュニア」（１９７１〜１９７４年生まれの人たち）が人生を終える２０７０年前後まで続くと考えられています。つまり、日本では今後50年間も人口減少が続くのです（内閣府『令和元年版高齢社会白書』より）。

実は総人口の現象よりも深刻な事態が進んでいます。それは生産年齢人口の減少です。少子化は生産年齢人口（15歳から64歳までの働き手となる人たち）の急激な減少をもたらすのです。社会の担い手である生産年齢人口の減少は総人口以上に深刻な問題です。

日本の総人口は２０１５年から２０４５年までの30年間で16％減少すると予測されています。ところが同じ時期に生産年齢人口は27％も減少するのです。

その結果、少なくとも２０６０年まで、つまり今後、40年間は高齢化率（人口における

65歳以上の人たちの占める割合）が世界一であり続けることがほぼ確実なのです。

こうした状況に対処するには女性と高齢者が働き手となるしかありません。しかし、生産年齢の減少のスピードがあまりにも速いため、到底追いつかないだろうと言われています。


日本にはもう一つ大きな問題があります。いわゆる「失われた20年」、もしくは「30年」と言われる長期間にわたる経済の停滞です。

この間に、他の先進国や新興国が経済成長を遂げたため、気がつかないままに日本は経済的に引き離され、あるいは追いつかれてしまったのです。

ＯＥＣＤのデータによると、１９９８年から２０１８年までの20年間で、１時間当たりの賃金の上昇率が英国83％、米国75％も上昇したのに対し、日本では逆に７％の減少でした。フランスも66％、ドイツも56％上昇しましたし、新興国だった韓国に至っては１７４％も上昇していたのです。

先進各国は賃金を上昇させただけではありません。賃金上昇と同時に労働時間の短縮も並行して行っていたのです。つまり、収入アップと時短が同時並行して行われたのです。

こうして日本では長時間労働が改善されないまま低賃金化が進んでいきました。近年では、欧米だけではなくアジアの観光客からも、「日本は物価が安い」とその経済的地位の低下を憐れむ声が聞こえてくるようになりました。

世界ではこのような日本の超長期的な停滞を『日本化』と呼ぶようになっています。そして、「どうすれば『日本化』に陥らずに済むか」という議論が真剣に行われるようになっているのです。

こうした経済的停滞は日本政府の財政状態を大きく悪化させました。経済が停滞する中で大規模な財政出動が繰り返され、日本の経済規模（GDP＝国内総生産）の2倍を超える債務残高となったのです。そして、その債務残高は新型コロナ対策のためさらに拡大したのです。

ある経済学者の試算では、2030年までに日本の財政が破綻する確率は50％もあるそうです。これに対して日本以外のG7諸国の財政破綻確率はいずれも5％にも満たないと言います。財政悪化のツケは次世代に重くのしかかります。日本は財政の面でも力を落としているのです。

これに加えて、日本では災害リスク、とりわけ大地震のリスクを抱えています。今後30年以内に震度6・5以上の大地震が発生する確率が、関東、東海、四国などの太平洋岸を中心に、非常に高まっています。その他、急速な温暖化によって年々、台風や大雨による被害も増え続けています。

このように日本は先進国の一員として表面的には豊かにも思える生活を営む一方で、社会・経済的な環境、自然環境の面で多くのリスクに直面しているのです。長寿化が進むことで、こうしたリスクが現実化する場面に遭遇《そうぐう》する可能性が高まっています。

私たち日本人は今後50年以上、根本的な解決が難しいさまざまな問題とともに生きていかなければなりません。

では、どうしたらいいのでしょうか？

それを考えるうえで大切なのは「問題」とは何かということです。

ここで取り上げたさまざまな「問題」は個人のレベルでは解決できないことばかりです。ひょっとしたら、どれだけ優秀なリーダーであっても根本的な解決はできないものなのかもしれません。

このように個人のレベルを超えた大きな「問題」は、実は個人にとっての問題ではありません。「問題」とは自らの行動によってその結果に影響を及ぼすことができるもの、結果を変えることができるもののことです。

そういう意味からすれば、長寿化、少子化、低成長、財政赤字、自然災害は個人にとっての「問題」ではない場合が多いでしょう。それらの「問題」は「制約条件」と見るべきものなのです。自分を取り巻く「問題」を「制約条件」と考えることで新しいライフスタイルの在り方が見えてきます。

ただし、自身が学び、努力し、成長を遂げていく中で、それまで制約条件であったものが解決可能な問題に見えてくる場合があります。成長を遂げ、制約条件が解決可能な問題となれば、その問題は自身の新しいキャリアを切り拓くための機会となるかもしれません。

ハイブリッドワークライフでは制約条件の中で、一人ひとりが自らの人生の成果の最大化を目指します。変えられない制約条件に気を取られて行動しなければ長期的な成果はあがりません。人生の成果を最大化するためには、制約条件の中でも行動する必要があるのです。

主体的に行動していく中で、制約条件を解決可能な問題に変え、機会を見出すことが大切です。「日本の先行きには希望がないから努力をしてもムダだ」と考えていては人生は豊かにならないのです。

3 「人生100年時代」の到来によるキャリアのマルチステージ化

最近、「人生100年時代」という言葉がよく使われるようになりました。そのきっかけとなったのが2016年に刊行された『LIFE SHIFT―100年時代の人生戦略』（リンダ・グラットン&アンドリュー・スコット著）が世界的なベストセラーになったことです。

『LIFE SHIFT』では、人生100年時代におけるリスクと機会について鋭い分析と提言がなされています。制約条件の中で人生の成果を最大化させるというハイブリッドワークライフの考え方は、本書に大きな影響を受けています。

『LIFE SHIFT』は、大きな変化の真っただ中で準備ができている人はほとんどいないという指摘から始まります。そして、この変化を正しく理解すれば恩恵を受けられるが、準備を怠った人は不幸になると警告するのです。その大きな変化とは長寿化の進行です。

長寿化は先進国に共通する傾向です。今後、先進国の若者は50%以上の確率で105歳以上まで生きるようになるそうです。文字通り、「人生100年時代」が到来するのです。すると、社会も私たちのライフスタイルも大きく変化します。

人生100年時代では多くの人が高齢になっても働く必要があります。老後が長くなるほど経済的リスクが高まるからです。『LIFE SHIFT』では、長い人生において経済的なリスクにどう対処するかが大きなテーマになっています。

人生100年時代にはキャリアにおける継続学習が重要になります。寿命がまだ短かった時代には若い頃に身につけたスキルや技能で一生食べていくことができました。ところが、長寿化の時代にはキャリアを維持するために学び直し、スキルや技能の再習得が必要になります。この事実を真剣に受け止める必要があるのです。

余暇の意味も変わります。人生が短ければ余暇は体を休め、リラックスすることが理にかないます。しかし、長寿化の時代になると余暇は新たなステージに向けて自分を再創造するための投資時間になるのです。プライベートな時間は余暇、つまり「余った暇（ヒマ）」な時間ではなく、将来に向けた投資活動を行う時間となります。

長寿化によって人生はマルチステージ化します。マルチステージ化とは人生のステージの多様化のことです。それまで人生は教育を受ける期間、仕事の期間、引退後の期間の3つのステージで分けることができました。しかし、長寿化の時代になるとキャリアが多様化します。

子育てや介護で一時的に仕事を離れてまた復帰する人もいます。全く異なる仕事に転じること、副業を持つことも当たり前になりつつあります。フリーランスの人が一時的に企業内で働くことも増えてきます。学び直しのために仕事を辞めて学校に入り直す人も出てくるでしょう。

人生がマルチステージ化することでライフスタイルも多様化します。すると人それぞれの事情に応じた人生戦略が必要になるのです。『ＬＩＦＥ ＳＨＩＦＴ』では、長寿化の時代の人生戦略には非金銭的で目に見えない資産が重要な意味を持つと指摘されています。

長寿化の時代に不可欠な目に見えない資産は３つあります。一つはスキルや知識、人脈のような現在の仕事で成果をあげるための「**生産性資産**」です。もう一つは、肉体や精神の健康、友人・家族関係などライフスタイルの土台となる「**活力資産**」です。

そして最後は、深い自己理解、未知の経験への開かれた態度、多様なネットワークのようなライフステージの移行に必要な「**変身資産**」です。人生１００年時代、長寿化の時代にはこの「変身資産」の重要性が高まるのです。

充実した人生を送るには仕事で結果を出さなければなりません（生産性資産）。その土台となるのは肉体的・精神的・社会的健康です（活力資産）。複数のライフステージを生きるにはワークライフの変化への対応力が必要です（変身資産）。これら３つの目に見えない資産が人生の成果を最大化するために必要なのです。

『ＬＩＦＥ ＳＨＩＦＴ』が示す３つの見えない資産、つまり現在の成果を出す能力、その土台となる肉体・精神・社会的な健康、将来の成果を出す能力獲得への構え、はプライベートな時間を使って獲得されます。つまり、人生１００年時代を前提とすると仕事とプライベートを区別することにあまり意味は無くなるのです。

ハイブリッドワークライフでは、３つの見えない資産のコンセプトを応用し、時間や努力を、現在の成果、将来の成果への準備・取り組み、土台となる健康、の３つの領域に向けることが重要と考えます。

たとえば、友達や家族と有意義な時間を過ごすことは「活力資産」への投資であり、土台となる健康への投資です。起業を目指して、プレゼンテーション・イベントに出席し、交流することは変身資産への投資になるでしょう。

また、仕事自体が３つの資産への投資の要素を兼ねている場合もあるでしょう。ハイブリッドワークライフにおいて仕事とプライベートを区別せず、一体のものとして捉える理由はそこにあります。

ハイブリッドワークライフで特に重要なのは変化への対応力です。何が起きるかわからないからこそ、可能な限り変身資産を蓄えることが大切なのです。

ドラッカーは、「**変化はコントロールできない。できることは変化の先頭に立つことだ**

けである」）『明日を支配するもの』）と述べています。将来が予測できないからこそ、具体的な変化に合わせた主体的な現在の行動が求められるのです。

ドラッカーは、「**重要なことは明日何をするかではない。不確実な明日のために、今日何をするかである**」（『マネジメント』）とも言っているのです。

4　現在の仕事が同じままであり続けることはない

ドラッカーは、「**明日は必ず来る。そして、明日は今日とは違う**」（『創造する経営者』）と言っています。今日と同じ状況がずっと続くことはありません。今日の仕事が10年後も同じである可能性はほとんどないのです。

近年、ＡＩが著しく進化したことで、多くの職業に影響が出てくることが想定されています。今後のキャリアを考えるに当たり、ＡＩがもたらす影響を考慮しなければなりません。それに関して、渡邉正裕氏の著書『10年後に食える仕事　食えない仕事』では、ＡＩ技術の発展が職業に与える影響がわかりやすく示されています。

ＡＩによって消える仕事が多数あると言われています。ＡＩは今後加速する労働力不足を解消する有力な手段です。ところが、ＡＩの進化によって既存の仕事の多くが消えるのです。しかし、渡邉氏はＡＩにも得意不得意があると言います。ＡＩの強みと弱みを知ることが今後のキャリアを考える上で大切です。

ＡＩが得意な仕事は、

①デジタル形式で情報取得ができる

②分析可能なデータ量

③物理的な執行環境がある

の3つの条件を満たすものだそうです。この条件を満たす仕事は「消える仕事」というわけです。

こうした領域の仕事は自動化が進み、就業者数が減り、収入も下がるのです。

その具体例として、事務職、販売員、運転手、工員、各種士業（司法書士・行政書士・社会保険労務士・税理士・公認会計士など）、教員（マスプロ教育）などがあげられています。行政手続を行う公務員も職を奪われます。渡邉氏は約3分の1の職業が「消える仕事」に分類されると指摘しています。

これに対し、「生き残る仕事」とはAIが不得意とする仕事です。上記の3つの条件を満たさない仕事がそれに該当します。

家事労働などは定型的な仕事のようにも見えますが、実は細かなバリエーションが無数にあるため、AIでは十分対応できないそうです。バリエーション豊富な細かな手作業は人間が得意な仕事なのです。

クリエイティブな仕事はもちろん人間の領域の仕事です。芸術や調理などはもちろん、絶妙な冗談を言うこともAIには難しいそうです。人間の創造性の源となっている心理的プロセスがまだ解明されていないからです。

また、交渉、説得、介護など幅広い仕事で人間特有の社会性が必要になると言います。人間が状況を的確に理解し、適切な振る舞いをするためにはＡＩで処理しきれないほどの情報量が必要となるからです。

渡邉氏はＡＩが苦手で、人が得意な仕事、つまり、「生き残る仕事」を、手先ジョブ、職人プレミアム、デジタル・ケンタウロスという3つの職業グループに分類しています。

手先ジョブに分類される仕事とは、清掃員、ハウスキーパー（家事労働）、ピッキングスタッフ、ウェイター、配達員、建設施工・メンテナンス職などです。

こうした職業はＡＩが発達してもなくなりませんが、その待遇はどんどん下がっていくそうです。外国人労働者が数多くいる領域の現状を考えると想像しやすいかもしれません。農業、建設、外食などが代表的な業種です。

次に、職人プレミアムとは、技能職であり、かつ人が行うことに価値がある仕事です。具体的には、美容師や理容師、接客業全般、料理人のように修業が必要となる仕事、そして警察官や消防士のような緊急対応力が求められる仕事です。

いずれも現場で高いレベルの能力を発揮することが求められる仕事です。こうした仕事はＡＩが進化してもなかなか代替することはできないのです。

最後はデジタル・ケンタウロスの職業エリアです。ケンタウロスとはギリシア神話に出てくる下半身が馬で上半身が人間という怪物です。渡邉氏は、ＡＩと人間の能力がうまくミックスされた仕事という意味で使っています。

建築家、デザイナー、プロデューサー、作家、政治家などクリエイティブな仕事、複雑な仕事全般がそれに該当しますが、通常のビジネスにもこれに該当する職種がたくさんあります。ＡＩの導入で生産性があがり、より付加価値の高いことに努力を注ぐことができるような仕事がデジタル・ケンタウロスの職業領域です。

たとえば、財務分析の結果から将来の事業承継についての提案をする証券マン等のように、ＡＩによるデータ分析を活用した提案営業を行う職種がそれに該当します。他にも信用が重視される職種もデジタル・ケンタウロスに分類されます。たとえば、金融機関が法人融資などを行うには経営者からの信頼が不可欠です。個人からの情報収集やコミュニケーションがカギを握る職種は付加価値が高いのです。

病気という個人情報を扱う医師、離婚・相続トラブルなどを扱う弁護士、個人の財産にかかわる税理士などプライバシーにかかわる仕事には信用が不可欠です。つまり、ＡＩをうまく使いこなす仕事、人に対する信用が重きをなす仕事をＡＩに置き換えることは難しいのです。

中でも外科医はスーパーマン的な職業であると言います。高度な熟練を要する手先仕事という職人プレミアムの要素、病状の診断や手術中の的確な状況判断という高度に頭脳労働的な要素を併せ持つからです。どれほど手術ツールが進化しても外科医の経験値、スキルがものを言うのです。

渡邉氏はデジタル・ケンタウロスの仕事、職人プレミアムの仕事を好ましいキャリアと位置付けています。ただし、身体的な制限が少なくなるほど格差が拡大しやすいと言います。たとえば、パイロット同士では報酬格差が2倍になることはありませんが、ファンドマネージャーでは10倍以上の差がつくことも珍しくありません。

ＡＩが普及する社会では多くの仕事が失われ、また残った仕事の多くは付加価値の低い手先ジョブです。デジタル・ケンタウロスと職人プレミアムとの間で所得格差も広がると言います。渡邉氏は格差社会が広がらないように政府などが主導的な役割を果たすべきだと主張しています。

しかし、本書ではそれは個人的な問題ではないと考えます。ＡＩによる職業の位置づけの変化を避けがたい制約条件と考えます。その上で、何を目指し、どのように行動するかが大切になるのです。重要なことは、豊かな人生、望ましいキャリアは現在の仕事延長線上には築けない可能性が高いということです。

渡邉氏の分析は一般的なキャリア論として非常に有益な示唆を与えてくれます。ただし、個人のキャリア選択をこの分析通りに行う必要は必ずしもないと思います。

たとえば、共働き、子育て、介護といった事情がある場合、必ずしもこの分析通りのキャリアを選ぶことが幸せにつながるとは限りません。また、「消える仕事」に分類される職業であっても、特別な事情や創意工夫によって魅力的なキャリアになる場合もあるでしょう。一般的には「消える仕事」に分類されていても、個別の事情の下では必要とされる仕事となる場合もあるのです。

ハイブリッドワークライフでは制約条件下での成果最大化を目指します。個人はそれぞれ固有の制約条件を抱えています。その制約条件の中でのキャリア形成は必ずしも一般論とは一致しません。何が正しいのかが事前にわからないのです。

正解が分からなくても主体的な行動は必要です。自ら目標を定め、行動することで新しいキャリアが築かれるからです。一般的には「消える仕事」とされていても、さまざまな要素を組み合わせることで魅力的な仕事になる可能性もあるのです。

制約条件の厳しさを嘆くだけでは人生は切り開けません。制約条件の厳しさではなく、可能性に目を向けることで人生は豊かになるのです。

5　人生のマルチステージ化からハイブリッド化へ

『ＬＩＦＥ ＳＨＩＦＴ』では、人生がマルチステージ化すると指摘されています。つまり、教育・仕事・引退後といった単純な３つの区分ではなく、学校に入り直したり、育児や介護で離職した人が仕事に復帰したりするなど、ライフステージがマルチ化、つまり多岐にわたるキャリアが可能になるというのです。

ハイブリッドワークライフでは、一歩進めて「人生のステージがハイブリッド化」すると考えたいと思います。ハイブリッドワークライフでは仕事とプライベートを一体化して捉えます。すると、ステージとステージの間に線引きをすることにもあまり意味は無くなるのです。

たとえば、リモートワークの普及によって、仕事と並行して育児や介護を行う人も数多く出てきました。日中は会社に通い、夜には専門学校や社会人大学院などに通う人も増えています。定年退職後に備えて早くからボランティアやコミュニティに加わる人もいます。

このように、**仕事とプライベートの間に明確な線引きをすることは難しくなっているのです。私たちのライフステージはハイブリッド化が進んでいるのです。**一つのライフスタイルの中に、現在の視点と未来の視点、仕事の視点とプライベートの視点が複雑にまじりあっているのです。

ドラッカーは『ネクスト・ソサエティ』の中で、**知識社会になると勝者と敗者が出ることを早くから指摘していました。しかも、高度に競争的な社会になるため、際立った成功者はごく一握りでしかないと考えていたのです。**

また、『明日を支配するもの』の中では、**〝第二の人生〟を持つことの重要性を指摘しています。**競争的な社会ではだれもが仕事や人生に挫折する可能性があるからです。ドラッカーの提起する〝第二の人生〟は、挫折に対する備えなのです。

ドラッカーは〝第二の人生〟の選択肢として、転職、副業、NPO活動の3つをあげています。こうした選択肢は「就社」を前提とする日本型の雇用制度では、あまり注目されてきませんでした。しかし、多様な働き方が可能になりつつある現在、ドラッカーの考え方が見直されているのです。

ハイブリッドワークライフでは、〝第二の人生〟というよりは「人生のステージのハイブリッド化」と表現します。一つの人生の中で多様なキャリア、多様なライフスタイルの選択肢を持つようにするという意味です。

ドラッカーは〝第二の人生〟を歩むためには、はるか以前から助走する必要があると述べています。〝第二の人生〟は現在の仕事の延長線上にはありません。急に思い立って〝第二の人生〟へと踏み出すことはできないのです。

『ＬＩＦＥ　ＳＨＩＦＴ』が変身資産の重要性を強調するのも、新たなステージに向かうはるか以前から次のステージへの備えが必要だからです。ハイブリッドワークライフでは、それを「未来の成果のための準備」とみなしますが、その準備は現在の仕事と並行して行います。そうした意味では現在と未来との境界線が失われるのです。

本章でご紹介したように、若者の意識には「安定志向」があるようです。

しかし、長寿化が進み、人生のマルチステージ化が進展する状況では、安定志向はキャリア上のリスクになる可能性があります。**大きな組織、会社に身をゆだね、チャレンジを通じた能力開発を行わないことで、変化への対応力を身につけられない可能性があるのです。**

現代社会では不確実性が高まる一方です。90年代初頭のバブル経済の崩壊後、倒れるはずのなかった巨大企業が次々と破綻していきました。安定している会社に人生を託していた社員たちは想定外の転身を迫られたのです。

現代社会の不確実性は90年代よりもはるかに高まっています。政治経済情勢の激変、環境悪化、地震・豪雨などの天災、技術革新などによる業界秩序の崩壊……など、今後も想定外のことが起きる可能性は高いのです。

安定した組織、会社に所属することの問題は、変化対応力を身につけにくいということです。状況が激変するまでは指示通りの行動、横並びの物の見方でそれなりにやっていけるからです。だからこそ、自ら変化への対応力を身につけていく必要があるのです。

日本型の雇用制度が崩壊し、「就社」が一般的でなくなれば能力や成果で評価されるようになります。正社員と非正規社員の区別、社員と外部の人との区別もなくなります。必要な仕事のために必要な人を社内外から集め、あげた成果でその人たちに報いることが普通のことになっていく可能性があります。

すると、「安定した組織の中にいる不安定な立場の人」になってしまう可能性があるのです。組織や会社と自分自身を一体化して捉えるのではなく、一人ひとりが主体性を持って行動していかなければなりません。

人生のステージのハイブリッド化への対応は若者だけの問題ではありません。定年退職を控えた中高年ビジネスパーソンにはより差し迫った問題です。しかし、定年後の明確なプランを持って行動している人はまだまだ多くはありません。

具体的なプランは描けないまでも、定年後のキャリアのさまざまな可能性を広げる取り組みは早い段階から行うべきです。**ドラッカーは「早い段階からの助走が必要」と指摘しましたが、それがハイブリッドワークライフの基本行動となります。**安定した組織に長くいた人ほど、まずは多様な価値観、キャリアの存在を知り、多様な人と接点を持つことが大切なのです。

ハイブリッドワークライフでは、たとえ安定した大組織、大会社に所属していても、自分が「経営者やフリーランサーであるという意識を持つことが大切」であると考えます。そうした意識で日々を送ることが柔軟な物の見方を養うことにつながるからです。

常に自分の役割、あげるべき成果を考え、それに基づいて行動する習慣を身につけることが大切です。成果を意識することはドラッカーのマネジメント論の本質でもあります。

6　良いキャリアは偶然の産物、良い偶然が起きるように行動する

長い人生を計画通りに送ることはなかなかできません。未来は予言できないからです。人生には思ってても見ないことが起きるものです。

ドラッカーは「**最高のキャリアは、あらかじめ計画して手にできるものではない。自らの強み、仕事の仕方、価値観を知り、機会をつかむ用意をした者だけが手にできる**」（『明日を支配するもの』）と述べています。

また、ジョン・D・クランボルツの「**計画的偶然性理論」では、個人のキャリアの8割は予想していなかった偶然の出来事によって決まる**とされています。思い描いた通りのキャリアを歩める人は少数派なのだと言います。

二人の提言は望み通りの職業人生を送ることの難しさについて述べたものと言えます。人生100年時代にはさらにキャリア形成の難易度が高くなるのです。

だからと言って、じっと待っているだけでは良いキャリアは手に入りません。「何もしないで待っていれば天から幸運が降ってくる」ことはありません。主体的に行動していく中で思わぬ機会、思わぬ幸運に巡り合うのです。

「計画的偶然性」とは、「良い偶然に巡り合うように積極的に行動しましょう」という考

え方です。行動しなければ何も変わりません。何もしなければ何も起きず、選択肢も増えないのです。それでは人生の成果も大きくなりません。

「やりたいことが見つからないから行動できない」と思う人もいるかもしれません。しかし、それは間違いです。行動しないから視野が広がらず、選択肢も増えないのです。能力も向上せず、限られたことしかできなくなってしまうのです。

今は、将来について明確な目的がなかったとしても、何らかの目的を設定し、行動しなければいけません。行動するには目的が必要だからです。行動していく中で目的が変わることもあるでしょう。しかし、それは当たり前のことなのです。

ドラッカーの**「最高のキャリアは、あらかじめ計画して手にできるものではない」との言葉は、仮の目的を設定して行動することが選択肢を広げると捉え直す必要があります。**

ライフタイム、つまり人生全体の成果を最大化するには、①現在の成果をあげる、②将来の成果をあげる準備、③土台となる健康の3つの領域での努力が必要になります。そうした努力を継続することで、より良い人生を歩める可能性が高くなるのです。その3つの領域で意味のある目標を常に設定し、実際に行動することが大事です。

本書はドラッカーのマネジメントの考え方を積極的に活用しています。ドラッカーのマネジメント論の本質は「**成果をあげるために行動する**」ことです。成果をあげるには適切な行動が必要です。適切な行動は適切な物の見方から生まれます。ハイブリッドワークライフはその適切な物の見方を提示するコンセプトなのです。

伝説的バスケットボール・コーチのジョン・ウッデンは、「**最高の自分になるために全力を尽くした者が成功者だ。成功とはベストを尽くしたことで得られる満足感のことだ。全力を尽くさないことこそが失敗なのだ**」という言葉を残しています。この言葉は本書の趣旨によく合致しています。

ハイブリッドワークライフとは個人が幸せになるには、自分の頭で考え、全力で行動しなければならないという考え方です。時間をオンとオフで分けるという発想ではなく、すべての時間を一体化して捉え、それが現在の成果、将来の成果の準備、土台となる健康という3つの領域に使われるべきだという発想なのです。

主体的な行動とは、「**自ら考えて行動する**」ことです。**誰もが制約条件を抱えています。しかし、「成果をあげる人はやってはいけないことではなく、やってよいことに目を向ける**」（『経営者の条件』）というのがドラッカーの言葉です。出来ない理由を探すのではなく、やれることは何かを考えるのです。

人生では思い通りにならないことは多いのです。しかし、与えられた条件の中で努力し、成果を最大化することは可能です。ハイブリッドワークライフは主体的な人生を歩む人のための原理です。私たちが幸せになるには主体的な行動が必要なのです。

第3章

【ハイブリッドワークライフ事例編・1】

可能性を追求し、新たな領域を切り拓く

ハイブリッドワークライフのポイントは、人生の成果の最大化を目指して主体的に行動することです。それぞれが異なる制約条件の下にありますから、同じ人生は二つとありません。しかし、どのように主体的に行動したのか、また、どのような制約条件に挑んだのかは自分の行動を考えるうえで参考になることも多いでしょう。

本章では、経営者、社会起業家といった方たちの半生をたどり、その主体的行動をご紹介します。こうした方たちは人生と仕事とが重なり合う部分が多く、仕事とプライベートの一体化、つまり「ハイブリッド化」を自ずと実践している場合が多いのです。はた目には働きすぎのように見えても、本人にとってはやりたいことに没頭しているだけで、特別に頑張っているとは思っていないことも珍しくありません。新しい領域を切り拓いたり、新たな価値を創造したりすることはやりがいのある楽しい仕事なのです。

ここでは全く異なるタイプの方たちをご紹介しますが、それぞれの方が切り拓こうとする領域や生み出そうとする価値に注目し、そのためにどのような主体的行動をしていったのか見ていただきたいと思います。

【事例1】 バスケットボールのコーチングに革命を起こす

鈴木良和さん（バスケットボールコーチ／㈱ＥＲＵＴＬＵＣ代表）

鈴木良和さんはバスケットボール界をけん引する若き指導者です。男子バスケットボール日本代表チームのサポートコーチであり、２０２１年8月から女子日本代表のアシスタントコーチも務めています。さらにＵ12からＵ15までの４つのカテゴリーでナショナルキャンプ・ヘッドコーチを務めています。つまり、トップチームからジュニアまで関わる極めて重要な役割を担っているのです。

その技術論、コーチ理論は高く評価されており、バスケットボール技術書をこれまで30冊以上執筆しています。そのいくつかはバスケ界のバイブル的な技術書になっています。監修したＤＶＤも20作以上に上ります。若くしてこれだけ多くの著書のあるコーチは鈴木さんの他にはいません。

さらに、鈴木さんはバスケットボールの指導を事業とする株式会社ＥＲＵＴＬＵＣを率いるベンチャー起業家でもあるのです。ゼロから「バスケットボールの家庭教師業」を立ち上げて、今では指導員約90名、毎週指導している選手数が約１６００名、年間指導数７２００件という規模にまで成長を遂げています。

ＥＲＵＴＬＵＣ出身のコーチたちが日本代表のスタッフやＢリーグ優勝チームのコーチになるなど、バスケットボール界に大きな影響を与えるようになっています。鈴木さんは理論面や技術面、そして選手やコーチの育成面でバスケットボール界に変革をもたらす大きな存在になっているのです。

鈴木さんはトップレベルのバスケットボール選手であったわけではありません。大学院で教育学を修め、将来は大学教授になろうと思っていたのです。鈴木さんは人生の節目で主体的に行動したことで現在のキャリアを築いたのです。

子供の頃の鈴木さんはサッカー少年でした。小学4年生の時に転校したのですが、その学校にはサッカー部がありませんでした。仕方なくバスケットボールをやることになったのですが、そこで出会った先生たちにバスケットボールの楽しさを教えてもらったのです。

小学校を卒業した鈴木さんは県内屈指のバスケの名門中学に進学します。そこには全国優勝の経験のある優秀な指導者がいました。鈴木さんはその先生からバスケの魅力や奥深さを教えられたのです。

驚いたことに、その先生はバスケットボール未経験者でした。それなのに素晴らしい結果を残している先生を、鈴木さんは心から「すごい！」と思いました。そして、「自分も教師になって、チームを全国に導くような指導者になりたい」と思うようになったのです。

高校に進学した鈴木さんはもちろんバスケットボール部に入部します。ところが、バスケ部の仲間たちの多くは技術的、戦術的な知識が乏しかったのです。彼らは優れたコーチのいない環境で中学時代を過ごしていたのです。鈴木さんは、「環境によってこんなに差がつくのか」と驚いたそうです。

人の成長には環境が大きく関係します。生まれ育った場所や進学した学校に優れた指導者がいなければ、たとえバスケ好きな子であっても成長できません。環境でバスケットボール人生が決まってしまうことを鈴木さんは深く感じていました。

高校を卒業した鈴木さんは教師になるべく大学の教育学部に進学します。「将来は学校の先生になって、優れたバスケの指導者になろう」と考えたのです。そして、大学のバスケットボール部を率いるバスケ指導者・日高哲朗氏と出会ったのです。

日高先生はバスケ界屈指の指導者でした。チームを優勝に導く力があるだけではなく、優れた指導者を多数育てた実績を持っていたのです。表面的に理論を教えるのではなく、体の深い感覚を絶妙に伝えるスタイルで選手たちの気持ちを強く引きつけていたのです。

鈴木さんはその優れた指導を受けながら、「自分もこのような素晴らしい指導を多くの子供たちに伝えたい」と思いました。そして、「日本一の指導者」になるという夢が「日本一の指導者を育てる指導者」になることへと変わっていったのです。

鈴木さんは新たな夢に向かうため大学院への進学を決意しました。大学教授になって、「日本一の指導者を育てる指導者」になろうと思ったのです。

自分の意思で選択した進路です。鈴木さんは大学院の学費を自分で稼ぐつもりでした。そこで、勉強の家庭教師をしようと考え、生徒募集のＨＰを作ろうと思いました。しかし、作っている最中に、「自分はバスケを教えたいと思っていたのだから、バスケットボールの家庭教師を募集したら面白いのかな？」と考えたのです。

ＨＰが出来上がると、さっそく依頼が舞い込みました。最初の依頼は、バスケ部がない学校に通う中学生たちを教えることでした。小学生時代にミニバスケで大活躍していた子供たちでしたが、学校にバスケ部がないので、「高校生になった時、バスケの道を選択できるように」と保護者達は考えて依頼してきたのです。子供たちは普段は別の部活をしていて、日曜日に鈴木さんがバスケを教えるようになりました。

二番目の依頼は、姉妹を個別指導することでした。実は、姉のほうは部活内のいざこざに嫌気がさし、バスケ部を辞めようとしていたのです。心配した保護者が、「辞める前にバスケの楽しさを思い出させてあげたい」と考えて鈴木さんに依頼したのです。

鈴木さんは、バスケを楽しめるように指導をしつつ、「嫌な人のために自分が大好きなものを辞めるのはもったいないよ」と伝え、「自分がやれることをすべてやって、それでも状況が変わらなかったら辞めたら?」と提案しました。納得した姉が問題に前向きに取り組んだ結果、先輩との関係がよくなり、バスケを続けることができたのです。彼女は翌年にはキャプテンになり、その後もバスケを続けていきました。ご両親はとても喜び、以後、鈴木さんの活動の深い理解者となり、応援してくれたのです。

こうして徐々に依頼が増え、結局、一年目に50件以上の指導を行うことになりました。それが二年目には300件以上になり、鈴木さん一人では手が回らず、大学の後輩たちにも声をかけて指導を行っていったのです。

ある時、鈴木さんが指導していた選手のお父さんから、「私があなたの何にお金を払っているのかわかりますか?」と聞かれたそうです。鈴木さんが、「いえ、わかりません。何に対してでしょうか?」と尋ねると、お父さんは、「私はあなたの熱意にお金を払っているのですよ。息子のために一生懸命練習を考え、向き合ってくれているあなたの姿勢にお金を払う価値を感じているんです」と話してくれたのです。

この時、鈴木さんは体に電気が走ったような衝撃を感じたそうです。そして、2つの教訓を得たそうです。

一つは、鈴木さんが将来どれほど有名な指導者になったとしても、熱意がなくなってしまえばお金をもらう価値がなくなるということです。もう一つは、全く実績のない若者をコーチとして雇ったとしても、彼らに熱意があれば、お金を頂く価値が生み出せるということです。鈴木さんは今でもこの2つの教訓を大切にしています。

当時、鈴木さんの志望は大学教授になって「指導者を育てる指導者」になることでした。その代わり、直接子供を指導することは諦めるつもりでした。しかし、バスケットボールの家庭教師業を続けていくうちに、鈴木さんは「子供を教えることと指導者を育てることは同時にできるのではないか？」と考えるようになりました。

〃二兎を追う者は一兎をも得ず〃という格言がありますが、バスケットボールの家庭教師業には、2つの夢を同時に果たす道があるように思われたのです。鈴木さんは、自分の人生を賭けるだけの価値がある事業だと感じていたのです。

実は、鈴木さんは大学時代のレポートの課題としてスポーツに関する事業のアイディアを考えたことがありました。その時、鈴木さんは「指導者の派遣サービス」についてまとめていたのです。指導者がいるかいないかという環境の違いで、結果に大きな差がつくという高校時代の経験が元になったアイディアでした。

大学院の修了が近づいたある日、鈴木さんはバスケットボールの家庭教師業を続けていくことについて大学の恩師に相談してみました。すると即座に、「それは無理だ。止めたほうがいい」と言われてしまいました。

当時、鈴木さんは2時間5千円という単価で依頼を受けていました。恩師は、「その依頼が定期的にあったとしても、月収は15万円ぐらいにしかならない。それでは家族を養っていけないぞ」というのです。恩師の指摘は的を射たものでした。

鈴木さんも、「確かにその通りだ」と思いました。しかし、その一方で、「だからこそチャンスがあるのではないか？」とも思ったのです。そして、「**ほとんどの人は無理だと考えて諦めるだろう。そこで諦めず、何か道を見つけることができれば、他の誰もがなしえない仕事を作り出せるはずだ**」と考えたのです。鈴木さんは、すでにこの道を突き進む決意を固めていました。

鈴木さんは、「どんな条件を満たせばバスケを教える事業は成り立つのか？」を真剣に検討してみました。要するに安定した収入が得られることが条件となるわけです。そして、「月に50万円稼げるようになれば仕事として成立する」と結論を出したのです。

鈴木さんは、「自分の仕事が歩合給に換算して50万円を達成したら法人化しよう」と決意しました。そして、全力を尽くして事業に取り組んだ結果、活動開始から5年目、事業の諸経費を抜いた歩合給が70万円を超えた時に法人化したのです。社名の「ERUTLUC（エルトラック）」は、「カルチャー（CULTURE）」のスペルを逆さまにして名づけたものでした。

それからの鈴木さんはバスケットボール指導の理論面を徹底的に整理していくとともに、教育や心理学、果ては最新の経営書まで幅広く読み漁り、よいと思ったことをすぐに実践していくようになります。コーチが身につけるべきスキルを体系化し、100時間分の講習プログラムを整備するなど、緻密なシステムを組み立てていったのです。

また、各コーチの指導実績をSTATS（スタッツ）という形式で集計し、どれぐらい指導現場に入り、講習を受け、ERUTLUCの活動に貢献したのかを詳細にスコア化し、その集計結果を通知表という形で本人にフィードバックしました。

こうした仕組みによって、コーチには何が求められ、何をすれば評価があがるのかが一目瞭然になったのです。「指導者を育てる指導者」になるための勉強は、起業家として組織を作り、人を育てることに大いに役立ったのです。

また、バスケットボールの技術論や戦術論に関しても鈴木さんは独創的な発想で革新をもたらしました。あらゆるバスケ技術を明確に定義し、勝利のための具体的な原理原則を体系化していったのです。それは、今まで誰も気づかなかった取り組みでした。

たとえば、「良いシュート技術」については、「目標とする大会で高確率でシュートを決める技術」と定義しました。練習では決まるけど試合では決められない選手はディフェンスに対応できていません。しかし、多くの選手はそれ以前の段階、つまりディフェンスがいないのに決められないという段階でつまずいているのです。

こうした問題に対し、鈴木さんは、基本能力として、まっすぐ打つ、距離感をつかむ、高く打つ、という3つの能力が必要であること。そして実践能力として、いつでも打てる、どんな状態でも打てる、修正力を高める、という3つの能力を身につけることで解決できることを明らかにしたのです。

また、「良いドリブル技術」については「相手にボールを奪われることなく、ペイントエリアに侵入できるドリブル」と定義し、そのために必要な能力、それを身につける練習メニューを定義したのです。

バスケットボールのあらゆる技術、戦術を詳細に分析し、定義する鈴木さんの能力は圧倒的でした。そこから生まれた練習メニューを実践すれば誰でも着実に上達することができるのです。あいまいさのない鈴木さんの指導に選手たちは大きな信頼を寄せていったのです。

鈴木さんの指導はジュニアのレベルにとどまるものではありません。２０１９年のワールドカップでは男子日本代表が5戦全敗であった結果を受け、鈴木さんはスキル向上のサポートコーチとして3ポイントシュートの改善に取り組みました。その結果、ワールドカップでは成功率28・7%だったところ、2021年6月には36・2%にまで向上したのです。

その大幅な変化の背景には、3ポイント技術の質を「乱れないように打つ」から「乱れた状態に強くなる」と再定義したことがありました。「もちろん、技術練習以外の様々な要因が試合の成果になります。自分はその一部を担ったに過ぎません」とご本人はおっしゃいますが、あらゆる技術を定義し、細部に至るまで具体化するという鈴木さんの指導方法は、トップレベルでも大きな成果をあげているのです。

鈴木さんはナショナルチームでの肩書や実績を、会社のHPではあまり紹介していません。立派な肩書や過去の実績ではなく、自身のコーチング理論や技能、そして何よりも情熱で選手たちを引きつけ、信頼をつかむことが大事だと考えています。創業の頃、選手の保護者から「あなたの熱意にお金を払っている」と言われた時の感激は、今でもコーチとしての鈴木さんの行動の原点となっているのです。

鈴木さんは「**なりうる最高の自分になる**」という言葉を座右の銘にしています。これは伝説的なバスケットボール・コーチ、ジョン・ウッデンの言葉です。ウッデンは、「最高の自分になるために全力を尽くした者が成功者だ。成功とはベストを尽くしたことで得られる満足感のことだ。全力を尽くさないことこそが失敗なのだ」とも述べています。

ウッデンを尊敬する鈴木さんは、「人生は時間でできています。私はその時間を使い、〝なりうる最高の自分〟になり、自分の人生に満足して死にたいのです」と思っているそうです。

【事例2】 高齢化社会における医療のエコシステムを構築する

池野文昭さん（医師／研究者／医療ベンチャーキャピタリスト）

池野文昭さんはスタンフォード大学の研究者であるとともに医療系ベンチャー、スタートアップの世界では誰もが知る存在です。ベンチャーキャピタリスト、コンサルタントとしても幅広く活躍されています。

日本政府関係のさまざまな組織の委員、評議員として引っ張りだこの上、全国の多数の医大・大学医学部で客員教授を務めています。その活躍は医療の世界にとどまらず、地方都市の産業活性化などにも関わるようになっているのです。

池野さんの最終的な目的は、医療、ウェルネス、そして、医療機器を中心とした医療関連ビジネスを軸にした高齢化社会におけるエコシステムの構築だそうです。池野さんの活躍には日本政府、地方自治体、大学、民間企業の多くが注目しています。

このように日米を股にかけて八面六臂の活躍をされている池野さんには意外な経歴があります。実は20年前、池野さんは山間部でへき地医療に従事するお医者さんでした。つまり、池野さんは「村のお医者さん」から世界で活躍する研究者、実務家になった人なのです。

池野さんが医学を志したきっかけは、子供の頃に父親が病気で半身不随になったことです。医学に関心を持った池野さんは、勉強を積み重ねて自治医科大学に合格しました。自治医大は学費がかからない上に生活費まで支給してもらえる学校です。家計に負担を掛けたくなかったことで選んだ学校でした。

自治医大は医療に恵まれない山間部や離島などの、へき地医療に貢献する医師を育てる学校です。卒業者には9年間は医師としての勤務義務があり、特に後半の4年間はへき地医療に従事しなければなりませんでした。自治医大を卒業した池野さんは、静岡、愛知、長野の3県にまたがる天竜川の、佐久間ダムの近くの小さな病院に勤務することになりました。

佐久間は高齢者の多い過疎地域でした。20年前、佐久間の高齢化率（65歳以上の比率）は約40％でした。日本全体の高齢化率がまだ20％に達していない時代でしたが、山間部では高齢化が著しく進んでいたのです。

佐久間に赴任したばかりの池野さんは、当時の印象を「まるでタイムスリップしたようだった」と語ります。山村風景に昔の日本の面影を見つけたのではありません。池野さんは高齢化率40％という数字に日本の未来を見たのです。日本は２０５０年に高齢化率が40％になると予測されていました。池野さんにとって山間部の佐久間は、先取りされた日本の将来モデルのように感じられたのです。

しかし、住んでみると佐久間は良いところでした。地域の人たちとの交流が深まるにつれて、だんだんと居心地が良くなっていきました。池野さんは家庭医（ホームドクター）として、多くの患者さんとその家族に関わっていきました。そして、池野さんは「このまま佐久間町で暮らしてもいいかな？」と考えるようになりました。

高齢化が進んだ地域で家庭医を務めるということは、多くの人の「死」に関わることでもあります。池野さんは佐久間に赴任していた4年間に１００人以上の方の死を看取ってきたといいます。

その経験は池野さんにとって自分の人生を考えるきっかけになりました。そして、人生は長いように見えても実は短いこと、そして、人生は一度きりしかないことを痛感するようになったのです。

ある日、80歳になる患者さんとの世間話の中で、

「先生には何かやりたいことはないのかい？　先生はまだ若い。やりたいことがあるなら、やってみたらどうかね？」

と言われたのです。

実は、池野さんにはやってみたいことが一つありました。それは、「一生に一度でいいから世界の舞台で戦ってみたい、海外で働いてみたい」というものでした。それは山間地医療に従事する自分にとって、あまりにも現実離れした望みのように思われました。考えても仕方のない夢のような気がしたのです。

それに池野さんには研究者としての実績はありません。論文を書いたこともなかったのです。池野さんは「世界の舞台で戦うなんてとてもムリだ」と半分諦めかけていました。

そんな時、仕事を通じて都市部にある心臓専門病院の院長先生と出会いました。その先生は池野さんの密かな望みを知ると、「そんなに留学したいのなら紹介してあげるよ」と夢のような提案をしてくれました。しかも、その留学先は有名なスタンフォード大学だというのです。池野さんはとても驚いたそうです。

しかし、スタンフォード大学での研究者の仕事には大きな問題がありました。3年間、

無給で働かないといけないというのです。大学のあるシリコンバレーは世界一物価が高いことで知られています。池野さんは、異国の地で給料もなしにやっていけるだろうかと悩みました。その頃、池野さんは34歳になっていましたし、家族も抱えていたのです。

そんな池野さんに院長先生からさらに驚く申し出がありました。なんと留学中の生活費を支援してくれるというのです。ただし、それには条件があるというのです。池野さんは、「きっと将来、自分の病院で働いてくれと言われるに違いない」と思ったそうですが、それは違いました。院長先生がつけた条件とは池野さんの思いもよらないことでした。

条件は2つありました。一つは、「世界中に友達を作れ」というものでした。そしてもう一つは、「日本の未来を考えてくれ」というものでした。院長先生は池野さんに何か大きなものを託そうとしたのです。池野さんはこの2つの条件を胸に刻み、スタンフォードに向かったのです。

スタンフォード大学は世界中から優秀な人材が集まる場所です。研究者としての実績がなく、英語もろくに話せない池野さんにはいい仕事は回ってきません。最初に与えられた仕事はなんと「実験用のブタ」の飼育でした。

池野さんは、医学の世界には「研究対象が小さいほど偉い」という法則があると冗談交じりに語ります。たとえば、ブタよりはマウスを扱うほうが偉く、細胞よりは遺伝子を扱うほうが偉いというわけです。池野さんは「スタンフォードまで来て、ブタの飼育係か……」と意気消沈したそうです。しかし、このブタとの出会いが池野さんの研究者人生を大きく変えたのです。

シリコンバレーは医療機器ベンチャー企業が集積する、世界最大規模の産業クラスターでした。そこには、新しい発想で次々と斬新な医療機器を作ろうと、実験や試作を繰り返す若いベンチャー起業家がたくさんいたのです。

医療機器の開発には動物実験がつきものですが、マウスでは小さすぎて人間用の機器の実験はできません。サルは感情豊かでやはり実験には向かないのです。実は、実験に最も適した生き物は解剖学的構造が人間に似ているブタだったのです。

池野さんの仕事場にはベンチャーの人たちが毎日のように新しい機器を持ち込んできました。池野さんは数多くのベンチャー起業家たちと知り合いました。そして、彼らの熱心な働きぶりを間近で見て、起業家精神とは何かを学んでいきました。

Tシャツや短パンを着ている彼らの多くはハーバードやMITのような名門大学の出身者です。彼らが次々と世界初の医療機器を作り出し、それらがあっという間に世界中に広まるのです。その医療機器が世界の患者を救う様子を池野さんは目の当たりにしたのです。

彼らは一つの成功に満足することはありません。事業を大企業に売却し、その資金を元に次の医療機器の開発に向かっていくのです。彼らはみな世界レベルのハングリー精神を持っていました。

シリコンバレーには「なんでもまずはやってみる」「やりながら考える」という姿勢が満ち溢れていました。たとえ失敗しても、その経験を生かして再び挑戦するのです。

こうして、あっという間に3年間の期限が過ぎていきました。幸運にも米国の永住権を取得できた池野さんは、医療ベンチャーを回って自分を売り込みました。池野さんにも起業家精神がしっかり根づいていたのです。

その頃には池野さんは医療ベンチャーに多数の知り合いができていました。また、彼らは池野さんの熱心な仕事ぶりをよく理解していました。事情を話すと、「ぜひ、うちでコンサルタントをしてほしい」というオファーが多数寄せられたのです。

こうして池野さんは医療ベンチャーの世界に飛び込みました。スタンフォードの正式な研究員としての立場も得ることができました。池野さんは右も左もわからない米国にやってきて、その激烈な競争を生き抜いて独自のポジションを築くことに成功したのです。

米国は自然淘汰、そして、弱肉強食の世界です。「毎日がサバイバル」という環境でマイノリティの日本人が生き抜くことは大変です。しかし、池野さんは「自分は紛れもなく日本人であり、それが異国において自分に自信を与える唯一のアイデンティティなのだと気づいた」と言います。

しかし、池野さんは米国で活躍すればするほど母国・日本への思いが強くなっていきました。そこで医療ベンチャー育成のためのさまざまな提言を公的機関、医大、企業などに対して行っていったのです。

池野さんのようなキャリアの持ち主は日本にはいません。最初の頃は、まったく相手にされなかったそうですが、諦めずさまざまな提案を行っているうちに、徐々に企画が通るようになったのです。今では池野さんは医療ベンチャーの世界の中心人物の一人として日米を股に掛けた活躍をしているのです。

池野さんは、自身のキャリアは米国行きの背中を押してくれた院長先生との約束を守ったことで築けたと思っています。「世界中に友達を作る」「日本の未来を考える」という二つの約束です。

そして、世界のベンチャー起業家と知り合うことで二つとないキャリアを築くことができました。また、日本の未来を真剣に考えることで、医療ベンチャーの世界で日米の懸け橋の役割を果たすようになりました。

池野さんの現在のキャリアは、へき地医療に従事していたころには想像もつかなかったものとなりました。それは大きな志を臆せずに口に出し、行動することを忘れなかったことで得たものでした。

近年では、医師がベンチャー企業を立ち上げることも珍しくなくなりつつあります。しかし、池野さんが渡米した当時は、そうした例はほとんどありませんでした。池野さんは、試行錯誤しながらキャリアの新たな領域を自ら切り拓いていったのです。

【事例3】町工場の三代目娘が生んだ世界に通用する花器ブランド

坂本智美さん（ALART代表／丸信金属工業㈱・専務取締役）

坂本智美さんは、アルミ素材を使ったモダンなデザインの花器、アクセサリー、テーブルウェアなどを展開する独創的なブランド「ALART（アルアート）」の代表を務めています。

新興のブランドであるにもかかわらず、ALARTの洗練された商品は大手百貨店で取り扱われ、有名華道流派やデザイナーなどからも高い評価を得ています。海外ではNYの

ＭＯＭＡ（ニューヨーク近代美術館）のショップでも商品が取り扱われ、パリでは現代のジャパンブランドの一つとして取り上げられるなどの実績をあげているのです。

まるで現代アートのような、ハイセンスな花器ブランドを生み出した坂本さんには意外な経歴があります。実は、坂本さんは地方のアルミ工場の跡取り娘なのです。ＡＬＡＲＴは地方の製造業が新規事業として立ち上げたブランドなのです。

多くの中小製造業は長く続いた経済の低成長や市場の成熟化に苦しんでいます。何か新しいことをしなければ、先行きの見えない時代に生き残ることはできません。しかし、新しい事業を作り出すのは容易なことではありません。坂本さんはそうした困難を独創的なやり方で乗り越えた経営者なのです。

坂本さんは足利市のアルミ製造業・丸信金属工業の三代目に当たる跡取り娘でした。しかし、東京の短大を卒業して就職したのは東京の大手メーカー・ＮＥＣでした。両親は会社を継いでくれることを望んでいたのですが、若かった坂本さんは本当に自分のやりたいことを探していました。

坂本さんは花が好きでした。漠然と「お花に関わることをしてみたい」と考えた坂本さんは、ＯＬをしながら花屋さんの仕事も手伝うようになりました。こうしてフラワーデコレーターとしての専門知識を少しずつ身につけていきました。

そして20代後半に差し掛かった坂本さんに転機が訪れます。祖母が亡くなったことがきっかけで、坂本さんは家業を手伝うことになったのです。祖母の念願は坂本さんが家業を継いでくれることでした。

足利に戻る決心はしたものの、坂本さんには葛藤がありました。せっかく好きなお花の専門知識を身につけたのに、全く畑違いのアルミ製造の仕事をすることに内心では乗り気でなかったのです。「せめて大好きな花とアルミをつなげて、ものづくりはできないだろうか」と考えていたと言います。

こうして実家の会社に入社した坂本さんですが、大手企業と中小企業の違いに驚きます。NECに勤務していた時は、国内外からの電話がひっきりなしにありました。ところが、実家の会社で電話が鳴るのは一日にたった3～4回なのです。入社したての坂本さんは経理のお手伝いをしていたのですが、「このままではいけない」と感じたのです。

アルミ製品の製造業は足利市の地場産業です。鍋ややかんといった家庭用の金物を製造する中小企業がたくさんある地域です。坂本さんの実家の会社もそうした製品を作っていたのですが、下請けとして空調機器の部品製造などを主力として業況を伸ばしていました。

しかし、坂本さんは会社の事業に大きな不安を感じました。鍋ややかん製造は斜陽産業です。主力の空調部品は大手1社からの売り上げがほとんどです。1社に頼っていては、注文が途切れたとたん、会社は傾いてしまいます。そこで、坂本さんは「会社の業績の柱がしっかりとしているうちに、何か新しいことを始めよう」と決心したのです。

坂本さんは思い立ったらすぐ行動に移す性格の持ち主です。事務室にじっとしていられず、アルミ素材を生かした新事業を考え始めたのです。その時に頭にあったのは「アルミとお花をむすびつけられないか」という考えでした。

ちょうどガーデニング・ブームが起きていたので、手始めにアルミ素材の植木鉢を試作して社長である父親に相談してみました。しかし、なんだか気が乗らない様子です。そこで次々にアイディアを形にして、「これならどう?」「あれはどうかな?」と何度も相談するのですが、「うーん」というだけで、なかなか納得してくれません。

ある日、坂本さんが丸いリング状のアルミ素材を曲げたり、ひねったりしている時にふとひらめきました。柔らかい割に耐久性のあるアルミの特性を生かせば、自由度の高い現代的なデザインの花留めができるのではないかと思ったのです。これが「機能を持った形」というALARTのコンセプトが生まれた瞬間でした。

そして、楕円型のアルミ製のトレーの上にリングを自由に曲げて形を作るという全く新しい発想の花器が誕生したのです。幼いころから工場のアルミ素材に触れて育ち、お花の勉強もしていた坂本さんだからこそ生み出せた製品、というより「作品」でした。それを父親に見せると初めて「面白い」と言ってくれたのです。花器の名前は「花あそび」としました。

作品ができたら次は販路開拓です。当初は代理店に委託して販売していましたが、思うように売れ行きが伸びません。また、その頃、坂本さんは結婚、そして出産とプライベートでも転機を迎えていたのです。

しかし、行動力のある坂本さんは「やっぱり自分でやりたい」と考え、パッケージデザインをはじめとしたブランド・イメージをすべて作り上げたのです。

そして、花器「花あそび」が業界新聞に掲載されたことをきっかけに、まとまった注文が入ったり、取り扱いたいという会社が出てきたりしました。栃木県の優良デザイン大賞を受賞するなど、「花あそび」への評価は高まる一方でした。

「花あそび」はモダンで秀逸なデザインな割には価格が安いため、展示会に出品するとたくさん売れました。「ちょっと面白いから一つ買おうかな」と思う人が次々と買ってくれるのです。あまりに売れ行きが良いのでいろいろなフェアに出展できるようになりました。

「スタートしたからには最低5年はやろう」と考えた坂本さんは、たった一人でALARTの企画、開発、製造、営業、販売のすべてを担当しました。毎年、10種類の新作発表も続けました。

そうした努力が実を結び、三越、高島屋、東武、伊勢丹などの有名デパートで次々と取り扱われるようになりました。さらに、草月流や池坊などの有名華道流派にも高く評価され、展示会に出展できるようになったのです。

坂本さんは専門的にデザインや華道の勉強をしたわけではありません。しかし、亡くなった祖母は茶道や華道を教えていて家には茶室もありました。幼いころから日本の芸術や文化に触れる機会が多かったのです。祖母の持っていた茶道具、本や雑誌などからも知らぬ間に多くのことを学んでいたのです。

またアルミ素材を熟知していたことも強みでした。坂本さんは、

「アルミの良さを生かしたので成功したと思います。アルミは鉄の3分の1の軽さで、加工しやすく、耐久性もあります。何度でも再利用できる環境にやさしい金属なのです」

と言います。その上、会社には長年培ってきた高度な技術があったのです。

坂本さんには自分で斬新なアイディアを生み出す感性があります。しかも、そのアイ

ディアをすぐに試作できる工場も傍らにあります。普通のデザイナーなら、デザインをスケッチに起こし、それが形になるまで数ヵ月はかかりますが、ＡＬＡＲＴは作品を実現するスピードがけた違いに速いのです。

坂本さんは、自ら営業の陣頭に立ち、さまざまなお客様と直接会話を積み重ねることで、作品についての生の声を拾い続けてきました。企業にとって最も大切である、お客様のニーズをしっかりとらえる努力を怠りませんでした。

しかも、ブランディングや営業も自社で行っています。すべてを自社でまかなっていること自体、中小製造業としてはきわめて珍しいことなのです。すばらしい技術がありながら、アイディアがない、開発力がない、営業もしたことがない、というカベや障害を乗り越えられない会社が多いのです。

ＡＬＡＲＴを立ち上げて数年後には、大企業に勤務していた夫が会社に入り手伝ってくれるようになりました。デザインを学んだ社員も入社してくれるようになりました。こうして、着々と事業を大きくしていった結果、今では既存事業とＡＬＡＲＴ事業の比率は半々にまでなっているのです。

坂本さんは「会社の土台は工業部品の製造かもしれないが、企業経営には未知数に挑む〝夢〟が必要なんです。常に何かに挑戦し、努力してチャンスを求めていかないと製造業はつぶれてしまいます」と言います。

また、ＡＬＡＲＴのブランドは、普段は縁がないような会社や人とのつながりを作ってくれています。有名デザイナーやレストランとのコラボの仕事、星野リゾートをはじめとした高級旅館のオリジナル・ルームキーの制作を手掛けるなど、花器以外の仕事も広がり続けています。


実は、製造業の経営者の多くは、坂本さんが築き上げたＡＬＡＲＴのような新規事業をやってみたいと真剣に考えています。しかし、それが実現に至る例は多くありません。指定された製品を作ることはできても、自ら企画・開発することが極めて難しいからです。特に、一流の華道流派、大手百貨店のバイヤーなどの目の肥えた人たちが納得するレベルのブランドを作り上げるのは容易なことではありません。そこには、坂本さんの考え方、学び、行動が深く関係しているはずです。「お花が好き」な人はたくさんいますが、坂本さんのレベルで商品化、事業化できる人は稀なのです。「花」を中心にして、茶道、写真、インテリアなど、幅広い領域を重ね合わせた強固な土台を持っていることは坂本さんの強みなのです。

坂本さんは「アルミの可能性」を信じています。子供の頃から慣れ親しんだ、アルミという素材の知識も坂本さんの強みなのです。素材を熟知し、そこにデザインをプラスすれば、花器にとどまらず、さまざまなニーズに応えることができると言います。

坂本さん自身はそうした2つの強みを、モノづくりを支える「製造力」、イメージに具体的な形を与える「構成力」と表現しています。ALARTのシンプルなデザインの商品には、機能性を検証し、必要十分条件を確認し、ムダなものをそぎ落とすという坂本さんの信念が強く反映しています。

こうして事業を革新し続ける坂本さんは、「100年存続する会社の土台づくりはまだまだこれからです」と気を引き締めます。環境変化の激しい時代にあっては、少し油断して立ち止まるだけで、足元をすくわれる可能性もあります。坂本さんのワークライフは会社の繁栄と切っても切り離せないのです。

その一方で、坂本さんは地元の足利市への貢献も意識しています。地域の魅力を伝えられるような居場所づくりはできないだろうかという思いが少しずつ強まっているそうです。会社の土台づくりが終わり、仕事にゆとりが出てきたら、そうした居場所で地域の子供たちに色々な体験を提供したいと考えているのです。坂本さんの夢はまだまだ広がりそうです。

【事例4】ガン患者の日常の悩みを解決して生活の質を上げる

佐藤真琴さん（社会起業家／㈱ＰＥＥＲ・代表取締役）

佐藤真琴さんはガン患者のためのウィッグ（かつら）を提供する事業を中心に活躍する社会起業家です。社会起業家とは、社会が抱えるさまざまな問題を事業活動を通じて解決しようとする人のことです。

ガンという重い病を抱える患者さんたちの日常生活にはさまざまな悩みがあります。しかし、医療機関や社会はこれまでそうした悩みに応えてきませんでした。佐藤さんは、ガン患者のみなさんの日常生活の悩みを解決し、生活の質を上げることを目指して起業したのです。

佐藤さんの事業は多岐にわたりますが、起点となったのは患者用ウィッグの提供事業です。ウィッグは、ガンの治療に伴う脱毛の悩みを解決するための商品です。

患者用のウィッグは昔からある商品ですが、値段が高すぎたり、使い勝手が悪かったりと患者さんのニーズを十分満たす商品がありませんでした。そこで佐藤さんは手ごろな価格のウィッグを、人目を気にせず相談できる個室の美容室「ピア」を立ち上げたのです。

一店舗から始めた事業は、全国の理・美容室との提携によって大きく広がっていきました。こうして、ピアをはじめとする全国の理・美容室が脱毛やウィッグ使用に関する悩み・不便を相談し、解決する現場となったのです。集まった情報はブログなどを通じて外部に発信し、オンラインによるウィッグの提供も行うようになりました。

ガン患者の悩みは脱毛だけにとどまりません。佐藤さんは、お医者さんに言いにくい、さまざまな悩みも相談できる「よろず窓口」や、患者さんの生の声を拾う場としての「茶話会」を設置しました。

こうした場は、医療機関と患者の間をつなぐ大きな役割を果たします。また、今まで見えなかった患者さんの困りごとを知る重要な機会となりました。こうした役割を評価され、総合病院などの医療従事者に、患者とのコミュニケーション方法を教える研修業務なども行うようになりました。

佐藤さんは、近い将来、乳癌の患者の総数の半分に当たる5万人にサービスを提供する事業者になることを目指しています。さらにその先には、ガン患者のための〝家〟づくり、つまりハウジング事業までも視野に置いているそうです。

こうして佐藤さんは女性社会起業家として注目されるようになり、日経ウーマンオブザイヤーを始めとして、内閣府、経済産業省、日本商工会議所などから表彰されるようになったのです。

社会起業家として活躍するまでの佐藤さんのキャリアは独特です。米国留学などを経て大学を卒業後、最初に就職したのは大手広告代理店でした。しかし、わずか1年で会社を退職してしまいました。

仕事に不満があったわけではありませんが、自分が誰かの役に立っているという実感が得られなかったのです。そして、「誰かの役に立ちたい」という強い気持ちから近所にあった看護学校を受験し、合格しました。

看護学校受験の理由について、「奨学金がもらえるし、人の役に立てる仕事に就けると思ったから」と佐藤さんは話します。広告会社勤務から看護師に転身する珍しいキャリアは、いいと思ったことを実行に移す行動力から生まれました。こうした行動力は子供のころから、たくさんチャレンジし、たくさん失敗することで身についたと言います。

看護学校で佐藤さんは充実した時間を過ごしました。授業や実習に必死に取り組む毎日でしたが、そこには佐藤さんが初めて感じるリアリティの世界がありました。こうして佐藤さんは医療の世界での一歩を踏み出したのです。

看護学校の二年生になった佐藤さんは、実習で一人の白血病の患者を担当することになりました。病気が進み治療が困難になり、残された時間をどう生きるかを考えている51歳の女性でした。病気になる前は生き生きと働いていたその女性は、今では少し暗い部屋で一人ぼっちで過ごす日々を送っていたのです。

女性は佐藤さんに色々なことを話してくれました。どうしようもない寂しさ、悔しさ、それでも運命を受け入れ、自分の死を準備しようとする話などでした。

ある日、彼女は医療用のウィッグについて佐藤さんに相談してきました。さっそく調べてみるとウィッグの値段はかなり高額でした。結局、彼女はウィッグを買うのを止めました。彼女は佐藤さんに「死んでいく人がたくさんお金を使うと、これから生きていく人が困るでしょ」とニコニコしながら話してくれたのです。

佐藤さんは、患者さんにウィッグの情報をただ伝えるだけでは意味がないと思いました。患者さんにとって必要な情報とは、実際に困りごとを解決し、その人らしい生活をおくるための情報なのだと気づいたのです。

佐藤さんは女性患者と日々接する中で、彼女が医療現場のさまざまな場面でガッカリしていることを知りました。

必要な時に治療を受けられずガッカリ、クリーンルームでガッカリ、美味しくない食事にガッカリ、夜間に家族と面会できずにガッカリ、そして鏡に映る自分の姿にもガッカリ……。嫌なことは増えるばかりで、楽しいことはどんどん少なくなっていったのです。

佐藤さんは彼女がガッカリする様子に無力感を感じました。この無力感が社会起業家としての出発点となりました。医療現場には病気の悩みとは別に未解決の問題がたくさんあることを知り、それを解決したいと思ったのです。そして、医療ウィッグについて調べ始めたのです。


インターネットで検索してみると、色々なタイプのウィッグが見つかりました。5万円のウィッグもあれば50万円の商品もありました。しかし、その違いはよくわかりませんでした。

英語で検索してみると、海外のウィッグ製造工場の情報が見つかりました。それをリスト化して価格表を作ってみると、なんとなく業界のイメージがつかめたような気がしました。

そこで、リスト化した約200社に「医療用ウィッグを作りたいので相談に乗ってほしい」とメールを送りました。返事のあった約100社と実際にやり取りをしてみると、「最小ロット単位は数百」、「取引は法人のみ」、「紹介のみ」という理由で断られ、残った会社は20社程度でした。

メールのやり取りでは話が進まないと感じた佐藤さんは、学校の夏休みを利用して一人で中国・上海の工場を訪問し、とりあえず2枚作ってもらいました。1ヶ月後に最初の品を受け取ると、ネットのオークションで原価と同じ3万5千円で販売してみました。安価で提供する代わりに意見や使用状況などの情報提供をお願いしたのです。

こうして情報収集をしながら次の商品の企画と発注をするというサイクルを繰り返して、少しずつ事業の体裁を整えていきました。佐藤さんは、持ち前の行動力で、資金やツテのないところから始め、ガン患者のためのウィッグ専門の個別美容室という、これまでになかった事業スタイルを築いたのです。今では直営、提携などを含めると全国で20店舗以上を展開しています。

現在、社会起業家としての佐藤さんの活躍は多方面にわたっています。大病院や社会でも解決できなかった、患者の課題を解決する事業を軌道の乗せた佐藤さんには次々と新しいオファーが寄せられています。社会問題に取り組むＮＰＯでの活動、高校生向けの授業プログラムへの支援、起業家支援講座でメンターなどの役割も果たしています。

佐藤さんのように実績のある社会起業家が、こうした取り組みに積極的であることは社会にとって有益です。社会起業家と一般の起業家との違いは、社会問題の解決を目指している点にあります。社会問題の多くが解決されていない大きな理由は、その問題解決をする活動を収益性のある事業にすることが難しいからです。佐藤さんに影響を受けた、新たな社会起業家が誕生することに期待したいと思います。

佐藤さんは、取り組んでいる仕事が全部で10あるとすると、7つは現在のための仕事、具体的な成果が出せる仕事、利益を生み出せる仕事であると説明します。しかし、そうした仕事だけでは足りないと言います。

こうした仕事に関するスキルや経験は十分あるので「毎日、ヒットが打てる」のです。しかし、7つの仕事を続けるだけでは将来は開けません。だから、全く違う仕事を3つ行う必要があるというのです。

3つの仕事とは、「**何か気になることを深く掘り下げること**」、「**新しいことにチャレンジすること**」です。「**今日、目の前にいる人に喜んでもらうこと**」は大切です。しかし、その繰り返しではいつか壁に当たります。だから、気になることに取り組むこと、新しいチャレンジをすることが必要なのです。

佐藤さんは事業のゴールを「廃業すること」に置いているそうです。患者さんの日常生活を快適にするという課題が解決されれば、もう事業を続ける必要はないからです。しかし、そんな日が来たとしても、佐藤さんは次の課題を見つけ、それに取り組んでいることでしょう。

【事例5】　街と山とをつなぐ〝顔の見える木こり〟
前田剛志さん（林業家／ＫＩＣＯＲＯの森・代表）

前田剛志さんは、静岡県浜松市の北部・天竜区で活躍する林業家であり、「街と山をつなぐ顔の見える木こり」として地域ではよく知られた存在です。

前田さんは千葉県の出身です。自分が都会で働くことがあまりイメージできず、大学を卒業後、しばらく尾瀬の山小屋で働いたのちにバックパッカーとして東南アジアを放浪しました。

途中、気持ちが落ち込んだこともあったそうですが、そのたびに、人のやさしさに触れて、助けられたそうです。さまざまな人との出会いの中で、働き、一日の終わりに皆で自然を眺めるような生活がしたいなと思うようになったそうです。そして、帰国の際に飛行機の窓から眺めた日本の森林の美しさに感動し、「今後の人生で守るものが見つかった」と確信したそうです。

前田さんは早速行動に移します。林野庁が公募していた森林未来サポート事業に応募したのです。そして、浜松の北部（現・天竜区龍山村）に半年間移り住んで林業に従事したのです。ここで前田さんは林業の基礎を学びました。

サポート事業が終了した後、前田さんはバイクに乗って全国を駆け巡ります。「日本で一番住みたい場所」を探すためでした。旅の途中、北海道で酪農をするなど、さまざまな経験を積んでいったのです。国内外を旅したことで、前田さんは多様な物の見方を身につけたのです。

長い旅を終えた前田さんは、自分にとって一番環境が良かった場所は、サポート事業での移住先だった浜松市の山間部であると思いました。森があり、川の水が美しく、自然と共に生きることができ、何より人の温かさに魅かれたのです。

こうして前田さんは再び浜松に移り住み、林業家として一歩を踏み出したのです。森林組合で10年働いて仕事を覚え、その後、山主の下で5年ほど働いて独立しました。

日本の国土の約7割は森林です。ところがわが国の林業は衰退の一途をたどっています。そこにはさまざまな構造的な問題が潜んでいるのです。

第二次大戦後、政府の拡大造林政策によって人工林が急速に増えていきました。当時は、

「スギやヒノキを植えることで日本経済に大きく貢献できる。そして、林業は儲かる」と考えられていました。

ところが、１９６４年に事態は一変します。木材輸入が全面的に自由化され国産材の価格が暴落したのです。山を維持するために木を切れば切るほど赤字になるのです。そこに後継者不足も加わり、林業は補助金頼みの斜陽産業になってしまったのです。

経済的に価値ある木とはスギとヒノキです。それ以外の木には商品価値はありません。しかし、そのスギとヒノキに高値がつかなくなったのです。

たとえば、長さ４ｍ、直径10㎝の丸太の値段は一本４００円なのだそうです。しかも、４００円には伐採の工賃、木の搬出費用、市場までの運搬費用が含まれます。この丸太が成長するまでに約30年かかることを考えると、林業はまったく割に合わない仕事なのです。

しかし、前田さんは、「それは林業の一つの側面でしかない」と言います。視点を変えれば森や山にはさまざまな可能性があるというのです。

「木はストーブの薪になったり、椅子などの家具の材料になります。インテリアや食器にもなります。木そのものではなく、森でトレッキングをしたり、ツリーハウスを作ったりすることもできます。使い道はいろいろあるのです。森の中を歩き、鳥が鳴くのを聞けば心も豊かになります。私のようによそから来た者だからこそ気づくものがあるのです」と前田さんは話します。

前田さんは、自身の職業を「木こり」と表現します。ところで、木こりとはどのような職業でしょうか。一般的には、「森の木を斧やチェンソーを使って伐採する人」とイメージされています。

しかし、前田さんは、「木こりの一番大切な仕事は森の健康を守ることだ」と言います。木を切ることは「森の健康」を守るための手段なのです。

林業には山主、伐採・搬出する人、加工し流通させる人など多様な役割があります。それぞれが抱えている事情も違います。商品としての木材という視点から林業を眺めると、採算という短期的な視点に偏りがちです。しかし、それでは山や森林の持続可能性が損なわれてしまうのです。

ところが多くの人は林業が抱えるさまざまな問題を知りません。「日本の森林を守るために積極的に国産材を使おう」と声をあげる人たちも国産材の現状を知らないのです。

国産材は製品アイテムが少なく、安定供給できず、手間をかけて乾燥させた木材が少ないといった問題があります。住宅メーカーや工務店の多くが「国産材は使いづらい」と考えているのです。

これは林業が抱えるさまざまな問題の一つに過ぎません。補助金行政の問題、方向性のあいまいな森林教育の問題、逆に「世界一安い」とも言われる国産材の丸太の輸出問題、……数えきれないほど多くの問題があります。それらの問題はどれひとつとっても容易に解決できるものではありません。しかし、一般の人はこうした現状を何も知らないのです。

前田さんは、「森は木材の生産のためにあるわけじゃない」と言います。豊かな山や森林は水を生み出します。水は川となって海へと至ります。私たちの風土は森が形作っているのです。森は私たちの生活の礎なのです。

「木こりの仕事は『森の健康』を守ること」という前田さんは林業が抱える複雑な状況を原点に立ち返って考えようとしているのです。

前田さんは、「顔の見える木こり」として積極的に街に出て情報発信をしています。それは従来の林業家にはあまり見られなかった取り組みです。小中学校で生徒に話し、行政や政治の場で話し、各種のイベントでも話をします。森について少しでも知ってもらいたいからです。

こうした情報発信のきっかけとなったのは前田さんが天竜の林業、木材流通関係者で結成した「TENKOMORI（天竜これからの森を考える会）」という組織の会長に就任したことでした。さまざまな人と知り合う機会が増えたのですが、多くの人が森の現状を知らず、そもそも「木こり」が何をする人なのかを知らないことに驚いたのです。

前田さんは、「森の健康を守るためには、森と街とをつなぐ必要がある」と痛感しました。そして、「顔の見える木こり」として街で森について語り始めたのです。前田さんは、「木こりというと、毛皮のベストと鉢巻き姿で大きな斧で木を切っている人みたいなイメージを持たれるんですよ」と笑い、「まずは自分たちが山の中で何をしているかを伝えないとまずいなと思いました」と言います。

こうした活動をするようになった前田さんは小さな山を手に入れます。「木こり」、つまり木の伐採・搬出を行う人の多くは自分の山を持っていません。山主などに委託されて木を切っているのです。「木こり」が自分の山を持つことは珍しいことなのです。

前田さんは、その山で木材を切り出そうと思ったわけではありません。多くの人に森を知ってもらう場を提供したかったのです。その小さな森に前田さんは〝木のこころ〟という意味を込め、「Ｋｉｃｏｒｏの森」と名づけました。Ｋｉｃｏｒｏの森は、山間部と街とをつなぐコミュニケーションの場となったのです。

休日になるとＫｉｃｏｒｏの森には人が集まってきます。ヤギも飼っていて、訪れる子供たちに喜ばれています。長年、人が住んでいなかった古民家を街の学生を交えてリノベーションを行いました。ゲストハウスにしようという計画もあります。ウッドデッキを敷いてティータイムを楽しめるようにしたいとも考えています。

山にあるクロモジの木を使ったお茶も作るようになりました。クロモジ茶は健康にとても良いそうです。前田さんは、「林業をしたいという女性もいますが、力仕事などが難しいこともあります。でも、山の木を原料にしたお茶の製造なら力の弱い女性でも関わることができます」と言います。今ではクロモジ茶は市内のレストランやカフェ、東京でも飲むことができるようになっています。

前田さんの山のふもとには天竜の街があります。人口数万人のこじんまりとした街ですが、少しずつ都会から戻ってきたり、移住してきたりする人たちが増えています。お洒落なカフェもでき、コワーキングスペースも作られています。文化的なイベントも次々と開催されるようになりました。前田さんは、そうした若い人たちの〝兄貴〟的な存在として、地域に根差して活動しています。

前田さんは、「よく〝限界集落〟って言われるけど、限界集落という言葉は街の人が作った言葉。住んでる人は楽しくやっているし、明るくて前向きですよ。あきらめたり、投げ出しているわけじゃないですよ」と言って笑います。

林業には「斜陽産業」というマイナスのイメージが付きまとっています。しかし、「こんな時代だからこそ、やれることがあると思う」と前田さんは考えるのです。そして、「山や森が無くなれば人は生きていけません。生活の根本は山にあると思っています」と語ります。

前田さんのお話から、林業とは数十年、数百年先を見据えた地域をデザインする仕事であることがよくわかります。

よく林業は「衰退産業」と言われます。全体としては確かにそうした傾向があるのかもしれません。しかし、創意工夫やアイディア次第で、豊かなライフスタイルを築くことはできるのです。

前田さんは、「自分がやりたいのは杉やヒノキを売買する林業ではありません。森にあるもの、森そのものを生かす『森林業』なんです」と夢を語ります。

制約条件の中でも前向きに努力することで、人生はより豊かになるのです。

第4章

【ハイブリッドワークライフ事例編・2】

"主体的な行動"で望み通りのキャリアを築く

本章では、組織とのかかわりの深い方たちのキャリア形成のプロセスをご紹介します。組織人の場合、組織の目的やビジョンが自分の人生と一致することはあまりありません。それが、「働き方改革」が求められ、仕事とプライベートとを明確に区別するワークライフバランスが注目される理由です。

組織とかかわりの深い人が、必ずしも組織人とは限りません。フリーランスの人であっても、組織との関係を前提とした働き方をしていることは多いのです。また、現代では組織を移動する人、副業をする人も増えてきています。「多様な働き方」という場合、組織とのかかわり方が多様であることを意味しています。

ここでは、組織に属して働いている人、組織に属してはいないものの組織と深くかかわりながら仕事をしている人たちをご紹介します。この方たちに共通するのは専門性やスキルを向上させたことで組織、社会に必要とされる人材になっていったということです。

ドラッカーは、知識労働者は「知識という資産を持つ資本家」とみなしていました。そして、知識労働者は組織と対等の関係にあると述べています。知識労働者は成果をあげる力、組織や社会に貢献する力によって望ましいキャリアを築く可能性が高くなるのです。

彼らがどのように組織や社会から必要とされる能力を身につけていったのかを見ていただきたいと思います。

【事例1】 工場勤務から最先端領域のトップ・エンジニアへ

守屋英一さん（サイバーセキュリティ・エンジニア）

守屋英一さんはトップクラスのサイバーセキュリティ・エンジニアです。インターネットは現代社会の最重要インフラとなりました。その安全性、つまりサイバーセキュリティの重要性も高まる一方です。

トップレベルのサイバーセキュリティ・エンジニアである守屋さんは現代を象徴する高度な知識労働者です。実は、守屋さんは大学に進学していません。高校を卒業すると化学メーカーに入社し、工場現場で働いていたのです。工場の現場作業者として社会人としての一歩を踏み出した人物が、20数年後には最先端の高度な知識労働者となったのです。

学生時代の守屋さんには将来の夢はなかったそうです。勉強にあまり興味が持てず、放課後は音楽を聴いてダンスをしたり、読書をしたりして過ごしていたのです。

工業高校に進学したのですが工業や化学に興味があったわけではなく、「そこしか入れなかったから」と笑って振り返ります。就職先を選んだ理由も、「東京のクラブやディスコに通うのに便利そうだから」だったそうです。当時の守屋さんにとって「働く」とは生活費を稼ぐことであり、仕事に目的や目標を持っていなかったと言います。

しかし、化学工場の24時間交代制の勤務はなかなか厳しいものでした。「健康によくない」と思った守屋さんは子会社のＩＴ部門への異動を希望しましたが、面接で却下されました。その際、面接担当者から「ＩＴスキルがないうえに、協調性がない」と指摘されたことで、「いつか見返してやりたい」と思ったそうです。

工場勤務に嫌気がさした守屋さんは仕事を辞めようと思いました。そして、ワーキングホリデーを利用して、オーストラリアでダイビング・インストラクターになろうと考えたのです。それは、とても魅力的なアイディアに感じられました。

しかし、下見のために1週間の日程で訪れたオーストラリアで、守屋さんは現実を知ることになります。そこには日本から逃げ出して、目的もなくブラブラとしているような日本の若者たちが沢山いたのです。彼らを見た守屋さんは、「自分も今の環境から逃げ出したいだけなんだ」と気づいたのです。

こうして自分のキャリアに向き合った守屋さんは大学への進学を考えます。そして、学費を工面するために、高収入が期待できるＩＴ企業に転職しようと思ったのです。守屋さんの目にはＩＴ業界は、スーツを着て、名刺を交換したりする、キラキラした世界のように思われたのです。

しかし、未経験者の守屋さんではなかなか採用してもらえません。そこで、まずは簡単に採用してもらえるＩＴベンチャーを見つけ、なんとか入社を果たします。ＩＴベンチャーと言っても大企業の下請け仕事中心の会社で、専門知識も特に必要ありませんでした。しかし、ＩＴ関連業務の職務経歴は得ることができます。こうして目的を達成した守屋さんはこの会社を一年後に退職したのです。

この頃、守屋さんのライフスタイルは様変わりします。守屋さんの中で働くことの意味が大きく変わり始めたのです。週末は図書館に通い、情報処理の国家資格を目指して勉強するようになりました。こうして勉強の習慣が身についたことで、専門家への道を踏み出せたのです。

ＩＴベンチャーを退社した守屋さんは、今度は派遣社員としてサーバー管理の仕事をすることにしました。その派遣会社では、サーバー管理者となるための専門的トレーニングを無料で用意してくれていたためです。サーバー管理の専門知識を身につければ、確実にキャリアアップできるのです。守屋さんにはうってつけの仕事でした。

サーバー管理の仕事は守屋さんの知識を深め、仕事の能力を高めてくれました。派遣先の会社では時間があれば自由にシステムを使わせてくれました。そのため、自宅ではできないサーバー構築などのさまざまな実験を行うことができたのです。こうして守屋さんは貪欲に知識を吸収していきました。

派遣会社は、専門知識やスキルを身につけるにはうってつけの居心地の良い会社でした。しかし、派遣社員としての契約は3ヵ月ごとの更新制でした。これでは長期的な人生設計を立てられません。不安を感じた守屋さんは、一年ほど勤めたこの会社を退職することにしたのです。

守屋さんは転職活動の中で、サイバーセキュリティのパイオニア的企業からの求人を転職サイトで見つけます。「どうせ採用されないだろう」と考え、応募を見送ろうと思いました。しかし、パソコンの操作ミスでうっかり応募してしまったのです。

そして、〝ダメもと〟で筆記試験、面接を受けたところ、あれよあれよという間に突破してしまいました。こうして、SOC（セキュリティ対策部署）のエンジニアとしての採用が決まったのです。守屋さんは28歳になっていました。

２０００年代に入ったばかりの当時、サイバーセキュリティは日本ではまだなじみの薄い業務でした。しかし、入社した外資系セキュリティ会社では、サイバー攻撃から企業を守るサービスを新たに立ち上げようとしていたタイミングでした。守屋さんには、その立ち上げメンバーとして、サイバー攻撃を監視する役割を与えられたのです。

立ち上げられたばかりのセキュリティ・サービスには未熟な点が色々ありました。ここで守屋さんのこれまでの経験が生きてきました。サイバー攻撃の防御は24時間体制で行われます。守屋さんには工場での24時間交代制の勤務シフトの経験がありました。それをこのサービスに応用したのです。全く無関係に思えた過去のキャリアは決して無駄ではなかったのです。

週末の勉強もより熱心に行うようになりました。自宅にサーバーを構築し、土日は終日ハッキング技術の研究を行い、当時のトップクラスの知識と技術を身につけたのです。こうして守屋さんは20名以上の技術者を従えるトップ・エンジニアとなったのです。仕事は「生活費を稼ぐ手段」から「楽しいもの」へと変わりました。朝9時から深夜2時まで働く毎日でしたが、生活に充実感を感じていました。

ところが、勤務していたセキュリティ会社が超大手企業のＩＢＭに買収されたのです。これは守屋さんにとって望まない環境変化でした。仕事もセキュリティ監視業務から営業職を経て情報セキュリティ推進室へと変わりました。

こうした変化の中で、守屋さんはエンジニアとして生き残るために、さらなる知識と技術の習得を目指したのです。勉強の範囲はＩＴ関連にとどまらず、経営学などのビジネス全般に及ぶようになりました。

しかし、35歳を迎えようとしていた守屋さんは、「ただ知識や技術を身につけるだけでは自分のキャリアは頭打ちになる」と考えるようになりました。そこで、個人的にセキュリティのセミナーや勉強会を主催し、さまざまな人とつながるようになりました。そうした人脈から、サイバーセキュリティに関する本を出版する機会を得ることができたのです。

しかし、守屋さんは一般向けの入門書を執筆したことで、一気に知名度が高まったのです。サイバーセキュリティは高度な専門分野であり、企業などの組織を相手にするものでした。こうして、ＴＶ出演や大学の授業、政党主催の勉強会、各種のイベントなどに招かれるようになったのです。


大学を出ていない守屋さんが本を書く力を身につけた背景には、専門家として分厚いレポートを頻繁に書く機会があったためでした。こうして高度な専門家としての実力と知名度を持つようになった守屋さんは、次のステップとして大学院に進学したのです。

守屋さんが共著でサイバーセキュリティ専門書を執筆した際に、「いい機会だから大学院で学び直して、一度知識の整理をしてみたらどうですか」と助言されたのがきっかけでした。

大学院に入るには必ずしも大学を出ている必要はありません。実力が認められれば入学できます。一般向けの本と専門書の執筆実績があり、トップレベルのエンジニアである守屋さんの経歴は大学院入学に十分なレベルに達していたのです。守屋さんは41歳になっていました。

その頃、会社からコンサル部門への異動を打診された守屋さんは転職を決意します。大学院での学びを優先するためでした。そこで選んだのが内閣サイバーセキュリティセンター（NISC）でした。守屋さんは上席サイバーセキュリティ分析官として採用されたのです。努力を積み重ねた結果、守屋さんは望み通りのキャリアを選べる実力の持ち主になっていたのです。

NISCの仕事を通じて守屋さんは、さらに新しい知見を得ることができました。直属の上司は機械工学の専門家であり、製品の安全や緊急時対応について深い知見を持っていたのです。

上司からさまざまな学びを得た守屋さんは、「サイバーセキュリティはまだまだ洗練されていない部分がある」と感じたそうです。大学院での学びと共にＮＩＳＣでの新たな経験は、守屋さんに安全やリスクについての一段上の視点を身につけさせたのです。

３年間の任用期間を経て、守屋さんは自動車メーカーに転職しました。キャリアを通じて培ってきた「安全」についての知見を生かせる仕事があったためです。大学院も無事に終了することができ、マネジメント全般についての幅広い物の見方を身につけることもできました。こうして守屋さんは6度の転職を経験しましたが、転職するたびに着実にキャリアアップを図っていったのです。

守屋さんは、20歳を超えてから高度な専門領域の技術者への道を歩き始めたという異色の経歴の持ち主です。独自のキャリアの背景には、守屋さんの強い好奇心がありました。「ハッキング技術を知りたい」という好奇心で転身し、「政府の視点を知りたい」という好奇心で内閣官房に入ったのです。現在の仕事への転身にも好奇心があったそうです。

常に好奇心、興味を持つことが守屋さんのキャリアの原動力になっているそうです。守屋さんは今後の人生も新しいことに挑戦し続けていきたいと考えています。

【事例2】 人に喜ばれることで自分の人生を豊かにする

藤原浩さん（外資系生命保険会社営業職）

藤原浩さんは大手電機メーカーの営業職から36歳で外資系生命保険の営業職に転職し、フルコミッション（完全歩合）制の厳しい営業の世界で卓越した成果をあげてきたビジネスパーソンです。

さまざまな人生の出来事を通じ、なりたい自分の姿を求め続けたことが仕事の定義に明確な輪郭を与え、現在のライフスタイルへと進化してきた道のりがうかがえます。

藤原さんは大学を卒業後、大手電機メーカーに営業職として入社しました。配属先は社内でも一、二を争う厳しい職場でした。業界トップレベルの顧客の要求に応えることが常に求められ、自社の開発部門や生産部門との調整ができず、板挟みとなることもしばしばでした。

同じ事業部の同期生が一年後には半分以下になるほどで厳しい仕事でしたが、藤原さんに退職するという気持ちはありませんでした。上司に対して、「必死でやりますから、自分の仕事のやり方に誤りがないかを見張って下さい」と告げ、逃げずに自分の力で成し遂げようと職務に向き合ったのです。

藤原さんが担当していたのは重要な取引先ばかりでした。問題が起きた時に若手の担当者にできることは限られています。しかし、「結果はどうあれ、与えられた仕事は懸命にやろう」と考え、必死に食らいついていきました。

自分の力では問題解決ができず、代わりに上司が解決してくれたこともありました。しかし、藤原さんは、ホッとしたという気持ちよりも、「自分で解決できなかった」という悔しさのほうが強かったそうです。こうした仕事への姿勢が少しずつ力となり、徐々に自分でやり遂げられる仕事が増えていったのです。

こうした経験を通じて、藤原さんは課題をクリアするためには何が必要かを深く考えるようになりました。意識のアンテナが研ぎ澄まされ、仕事の先行きに対する想像力が働くようになりました。そして、関係各位に対する先手、先手のコミュニケーションで信頼を集め、その積み重ねが、大型案件の受注など、結果につながっていったのです。

こうして営業職として自信をつけた藤原さんは、「自分個人の力で、世の中に通用するビジネスパーソンになりたい」と考えるようになりました。そして、縁あって外資系生命保険会社の営業職へと転身したのです。その時、藤原さんは36歳、社会人になってから12年の月日がたっていました。

同じ営業でも、メーカーの営業職と生命保険会社の営業職とでは仕事のタイプが全く違います。しかも生命保険の営業職はフルコミッション制の給料体系です。すべてが結果で評価され、言い訳が全く許されません。前職の仕事を通じて、自身の仕事観やなりたい姿が見えてきた藤原さんは、悩んだ末に思い切ったチャレンジを決意したのです。

生命保険の営業職の仕事の厳しさは十分に理解していたつもりでした。メーカーの営業職として十分な実績があっても、さらなる研鑽を積まなければならないという覚悟もありました。

しかし、実際に仕事に就いてみると、その厳しさは想像以上のものでした。しかも、そこには考えられないほど優秀な人たちがスカウトされ、ひしめいていたのです。才能豊かなライバルたちを目の当たりにした藤原さんは、「自分がいかに〝凡人〟であるかを思い知らされた」と言います。前職で培った自信をあっさり打ち砕かれたのです。

それでも自分で望んだ道と気持ちを切り替え、必死で人に会い続けました。そして、持ち前の地道な努力で転職した初年度に好成績を収めたのです。しかし、ライバルたちに追いつくにはさらに頑張らなければなりません。そうして迎えた二年目に藤原さんは大きなスランプに陥ったのです。「燃えつき症候群」になってしまったのです。

やる気があるのか、ないのか自分でもよくわからない。その一方でイライラはつのるばかり。成績はみるみるうちに下降していきました。それはまるで、「大学に合格することばかりに心を奪われ、目標を達成した後に五月病にかかってしまう若者のようだった」と藤原さんは振り返ります。

しかし、3ヶ月が過ぎたころ、所属する営業所の所長との会話から立ち直りのきっかけをつかみます。「お客様と対話すべきなのに、ただ保険を販売するための聞き取り調査になっているよ」と指摘されたのです。藤原さんは自分がお客様ときちんと向き合っていないことにハッと気づきました。

生命保険は、「お客様が大切に想うご家族への愛情が込められた究極のラブレター」と藤原さんは言います。「対話」はその想いを聴くための重要な心のふれあいの場なのです。単なる聞き取り調査では、職責を十分に果たせません。スランプの中で藤原さんはお客様との「対話」という生命保険のプロとしての原点を忘れていたのです。

また、あるお客様から掛けられた言葉も立ち直りのきっかけになったと言います。そのお客様は、「藤原さんとライバルたちとの間にあるのは、〝違い〟であって差ではないよ」と諭してくれました。ライバルたちとの「差」に悩んでいた藤原さんは、この言葉に目から鱗が落ちる思いをしたのです。

「違い」は〝自分らしさ〟や〝自分にしかできないこと〟に集中することで生まれます。「差」

を気にしているうちは「違い」を作ることはできません。うまくいっている人のうわべだけをマネしても意味はありません。「違い」は自分自身と向き合うことで生まれるのです。

藤原さんは、「自分は凡人でしかない。しかし、天才でなくても、自分の納得いく人生に向かうことはできる」と気づきました。そして、自分の仕事を「生命保険業」ではなく『人生応援業』と再定義したのです。こうして、「なりたい自分の姿」が明確になると、心の霧も晴れ、仕事への強い意欲も湧いてきたのです。

藤原さんは、自分の人生をよりよくするには人に喜ばれることが大切だと考えました。人の役に立ち、喜ばれるには力をつけなければなりません。仕事を通じて顧客の課題の解決や夢の実現を後押しする。そうした『人生応援業』を行うのだという意識に変わったのです。この定義によって藤原さんの行動に一貫性が備わるようになったのです。

基本に立ち返った藤原さんは、お客様の話を心で聴くように心がけました。「自分はこの人にどんな応援ができるだろうか？」と考えるようになりました。こうした真摯な姿勢が、顧客や同僚たちから高く評価されるようになっていったのです。不思議なもので、目先の数字を追わないようになると、思わぬところから嬉しいご縁が結ばれ、かえって結果がついてくるようになっていきました。

藤原さんは、顧客からの長きにわたる信頼の証である「長期継続率（契約から10年経過後に継続しているお客様の割合）」は社内でも常に上位にランクされています。これは、顧客との深い信頼関係がなければ成し遂げられない成果です。

また、他にも名誉ある賞を7年連続10度受賞しています。この賞は、保険のプロ同士が、「もし、自分の保険をお願いするとしたら、だれを選ぶか？」という観点で互選するものです。藤原さんは、「自分の家族のことを安心して任せられる保険のプロ」だと同僚たちからも評価されたのです。

ライバルとの「差」に悩んでいた藤原さんは、仕事の原点を深く考えることで、いつのまにか、人が簡単にマネのできない「違い」を生み出していたのです。目先の結果を追わず、仕事の本質を考え抜いた行動が社内外の評価を高めていったのです。

藤原さんはさらに積極的に行動していきます。『人生応援業』ですから、生命保険とは関係なくても、「誰かの助けになる」と思えばどんどん取り組んでいきました。「これは」と思った人同士を引き合わせたり、顧客企業の社員に悩みを聞いたりすることも当たり前になりました。企業や生命保険の業界団体などでの生き方や仕事に対する考え方について講演も行うようになりました。

最近では、生命保険の業界団体などを通じて、障がいを持ったお子さんとその両親を支援する取り組みへの貢献も行うようになっています。これも、『人生応援業』としての藤原さんのライフスタイルにかなった行動なのです。

さらに藤原さんは定期的に「感謝の会」を開催するようになりました。前半はゲストスピーカーを招いての講演会ですが、後半は参加者の交流の場となっています。この「感謝の会」をきっかけに新たな企画やビジネスが生まれるようになっています。この「感謝の会」はこれまでに8年間で45回以上継続的に開催されています。

プライベートでは趣味のバスケットボールを生かして、地域のミニバスケのコーチを長年続け、また国立大学バスケ部の学生コーチとの出会いから創部初の好成績につながる支援、さらには中学校の課外授業で生徒や保護者の方向けに「生き方学習」の授業を担当するなど、応援の範囲を広げています。

また、家族への応援についても、3人の息子さんに大学生のころから前出の「感謝の会」への参加を促し、多くのビジネスパーソンの皆さんとの交流を図るなど、息子の成長を楽しむ親として気付きの機会づくりをしています。

「結果がすべて」という営業の世界にありながら、「人に喜ばれる人生を生きたい」というビジョンを藤原さんは大切にしてきました。そして、どこまでが仕事でどこからがプライベートなのか自分でも区別がつかない、そして真剣に取り組む学生時代の〝部活〟のような、一つの充実したライフスタイルを作り上げたのです。

【事例3】大企業、ベンチャー、そしてフリーランスへ

塔本幸治さん（フリーランスＣＦＯ）

塔本幸治さんはスタートアップ企業の資金面のアドバイスを専門に行う、自称「フリーランスＣＦＯ」です。創業間もないスタートアップ企業は資金不足に陥りがちです。資金調達はスタートアップ企業が成功するために欠かせない要素なのです。

塔本さんは大学卒業後、大手信託銀行に入行。法人営業や審査部門でキャリアを積み、社長賞を受賞するほどの金融マンでした。多い時には30人の部下を抱える管理職でした。

塔本さんは40代でグロービス経営大学院に通い、ＭＢＡを取得しました。大学院にはさまざまな経歴、考え方の持ち主が集っていました。そうした仲間たちと共に学ぶうちに仕事や人生に対する価値観が変わっていったのです。

そんな時、東日本大震災が発生します。震災は塔本さんに衝撃を与え自分のキャリアを見つめなおすきっかけとなったのです。塔本さんは徐々に、「これまでと違った人生を送ってみたい」と考えるようになっていきました。そして、２０１３年に20年以上勤務した信

託銀行を退職したのです。当時、塔本さんは47歳でした。

銀行を退職する時、塔本さんは、「やらずに後悔するよりはやってみて失敗するほうがはるかにいい」と思っていました。自分の意思で自分の生き方を決めたいと考えたのです。そして、塔本さんは東日本大震災の被災地、東北に移住し、ベンチャー企業の一員として新たなキャリアを歩み始めました。


大手信託銀行の手厚い待遇とは違い、ベンチャー企業で働くことになった塔本さんの年収は4分の1以下になりました。しかし、塔本さんには不満はありませんでした。「お金」ではなく、「自分らしい生き方」をしたいという思いのほうが強かったのです。創業期のベンチャー企業の資金調達と営業の担当者として、多忙ながらも充実した日々を送るようになりました。

50歳を迎えた年、塔本さんはそのベンチャー企業を退職しました。しかし、すぐには次の仕事に就かず、1年間の充電期間を過ごしたのです。塔本さんは、「あえて漂い、あえて決めない、大きな流れに身を任せて、その中で自分が何者なのかを知る」ことを選んだのです。塔本さんに焦りはありませんでした。

塔本さんは、「自分のことを一番知らないのは自分自身」だと考えました。そこで、読んだ本、受講したセミナー、出会った人、こうしたものを、自分を映し出す鏡に見立て、自分自身を深く知ろうとしたのです。そして、充電期間が終わろうとする頃には、「やっぱり起業家のそばにいたい」と強く考えるようになっていたのです。

充電期間を過ごす中で塔本さんには見えてきたことがあります。それは、「自分には、ベンチャー、地方、資金調達、ソーシャル、というタグ（目印）がついているのだ」ということです。実際に、ベンチャー起業家たちから、「資金調達を手伝ってほしい」という声が次々と掛かっていたのです。そして、塔本さんは今後の人生を「フリーランスCFO」として起業家に貢献していくと決心したのです。

ベンチャー起業家にとって資金調達は頭の痛い問題です。投資家にどうアプローチすればよいかわかりませんし、交渉の中で提示された条件の良し悪しもわかりません。資金調達には物凄くエネルギーが必要ですから、本当にやるべき仕事に力を注ぐこともできません。しかも、一つ間違うと取り返しのつかないことになる可能性もあるのです。

塔本さんは、自分の知識やスキルは起業家にとってきっと役に立つに違いないと思いました。充電期間に大きな流れに身を任せていた中で、強烈な痛みを感じるようになっていました。それは資金調達に苦しむ起業家を、自分が解決してあげなければならないという強い思いから来るものでした。

そして、真剣勝負と自己責任の世界に身を置くことが、自分が最も成長でき、かつ世の中に貢献できると思いました。それには自分はどうありたいか、世の中で求められていることは何か、どうすれば自分自身をマネタイズ（収入を得ること）できるか、の3つが重なる場所を探す必要があると考えました。

塔本さんは、「世の中に対し、何事かを成し遂げようとチャレンジする人が、お金で躓《つまず》くようなことのない世界を作りたい」と考え、行動を開始したのです。

塔本さんの仕事相手は短期間での業績向上と上場（ＩＰＯ）を目指す、いわゆる〝スタートアップ〟と言われるベンチャー企業の他に、スモールビジネス、地方の中小企業、社会貢献型のビジネスを営む企業など幅広いジャンルにわたっています。

仕事の内容としては資金調達にかかわる計画の策定・説明資料の作成、さらにその前提となるビジネスプランへの助言、金融機関や投資家とのコミュニケーションのサポートなどです。つまり、産声を上げた事業が軌道に乗るまでのあらゆる局面において〝伴走者〟としてかかわるのです。

しかし、塔本さんは営業を一切しません。仕事の依頼はすべてＦａｃｅｂｏｏｋでつながりのある人から来るのです。Ｆａｃｅｂｏｏｋでプライベートなつながりのある人から時々相談がかかります。相談は無料です。そこから具体的な仕事に発展していくのです。仕事が終われば顧客から元の友人関係に戻ります。つまり、塔本さんの仕事とプライベートの間には境界線がないのです。

会社員としての生活が長かった塔本さんはフリーランスになるに当たり、いくつかの仕事のルールを設けました。まずは「**ウィークタイズ（弱いつながり）**」です。特定の人と深くつながるのではなく、多くの人と緩くつながることを心がけました。自分とはタイプが違う人、遠い人ほど気づきのきっかけを与えてくれると考えたのです。

次に、「**オール・イエス**」です。持ち込まれた話は基本的に断りません。迷った場合は引き受けるようにしたのです。やりたいことしかしなければ成長できないと考えたのです。そして、「**意図的なムダ**」と「**アウェーに身を置く**」ことです。いつもと違う選択が新しい機会や物の見方をもたらしてくれると考えたのです。ノープランでの街歩きも習慣化するようになりました。仕事柄、全国を飛び回ることも多く、いつでもどこでも働くとともに、新しい体験や人との出会いに対してオープンマインドな姿勢で楽しんでいるのです。

また、フリーランサーとなるに当たっての心構えも明確にしました。組織に属している時とは違い、フリーランスの仕事は不安定です。だからこそ、塔本さんは「**今に集中する**」ことが大切と考えました。「なりたい自分」を意識しすぎて自分の可能性にふたをしては

いけないと自らを戒めたのです

さらに、「楽しいか、楽しくないか」ではなく、「**今を楽しもう**」と心がけることにしました。もちろん、仕事には「嫌なこと」はつきものです。組織人には組織人の、フリーランスにはフリーランス特有の「嫌なこと」は必ずあります。塔本さんは、そうした嫌なことも含めて「現在を楽しむ」ことが、今後の人生を豊かにすると考えたのです。

塔本さんは銀行を退職後、スタートアップ企業の一員として、その後は支援する側に回って8年間を過ごしてきました。塔本さん自身は、周囲の人たちの助けがなければ今のキャリアはとても築けなかったと感じているそうです。

この新たなライフステージで、より多くの起業家に貢献し、より多くのスタートアップ企業の成功を手助けすることが、社会に対する恩返しになると考えているそうです。

塔本さんは、大手金融機関から中小企業へ、そしてフリーランスへ、といったキャリアの変化を二度経験しています。肩書や組織とのかかわり方はその都度変化しました。しかし、「お金」に関する専門知識や実務経験が、さまざまな組織から必要とされているという点では一貫しています。そして、自身と組織との関係の変化から学んだ多面的な視点は、経営者に対する助言に深みを与えているのです。

また、塔本さんの現在の仕事のスタイルが可能となった背景には、リモートワークの普及、それを実現させたさまざまな技術革新、ワーケーションに適した社会環境の変化などもありました。新型コロナが流行する以前から、塔本さんは身軽に全国を飛び回り、カフェやコワーキングスペースを利用しながら仕事をするスタイルを持っていました。

こうした仕事のスタイルは、ノープランでの街歩きや「今を楽しむ」という塔本さんの生き方にも合っています。仕事のための各地への移動は、塔本さんにとっては同時に楽しみでもあり、新たな学びの機会でもあるのです。塔本さんの「働きながら楽しみ、そして学ぶ」というライフスタイルは、ハイブリッドワークライフのモデルケースの一つと言えるでしょう。

【事例4】キャリアの試行錯誤から企業に寄り添う経営コンサルタントへ

木村玲美さん（経営コンサルタント／〝共創ジェネレーター〟）

木村玲美さんは経営コンサルタントとして多方面で活躍する社交的でエネルギッシュな女性です。企業研修、起業家育成講座、ＩＴコーディネーターのインストラクター、など研修やコンサルティングのテーマは多彩です。

共働きの家庭で育ったため、木村さんには女性が働くのは当たり前という感覚がありました。しかし、母親からは、「経済的に自立して男性に依存しなければ、所得や社会的地位にこだわらずに生涯の伴侶選びができる」と言われたため、少なからず反発を覚えたそうです。心のどこかで、「条件のいい男性と結婚して優雅に暮らすのも悪くない」という気持ちもあったのです。

幼い頃はマイペースな子供だったのですが、思春期になると木村さんは周囲に心を閉じるようになりました。何になりたいという将来の夢や特別な希望はなく、あまり学習意欲もなかったのだそうです。大学に進学しても勉強ではなく、山岳部の活動やトレーニングに明け暮れていました。

南アルプスを縦走したり、山小屋でアルバイトをしたりするなど、一般的な女子大生とは違った学生生活を送りました。知らない人と会話をするのが億劫で、合コンに参加することもなかったそうです。木村さんは、「かなり偏屈な人でしたね」といって笑います。

大学での専攻はファッション関係のマーケティングについてでしたが、テーマに興味があったというより、〝事の成り行き〟で学ぶことになったそうです。そして、あまり興味が持てないまま、ギリギリの成績でなんとか大学を卒業できたのです。

木村さんの就職先は流通の大手企業でした。他業種に比べると男女の給与格差が少なく、海外にも展開していたところが魅力でした。何より親から独立したいという思いが強かったため寮制度が整っている会社を選びました。

社会人としての一歩を踏み出した木村さんでしたが、ほどなく衝撃的な出来事を経験します。初めての配属先で上司がうつ状態に陥り、自死を遂げたのです。社内でのパワーハラスメントが原因でした。この事件をきっかけに、木村さんは組織に依存しない働き方、生き方について深く考えるようになりました。〝働きやすい幸せな職場づくり〟への思いが強くなったのです。

こうして組織に依存しない生き方を目指す木村さんの試行錯誤が始まります。木村さんは流通業の会社を辞めて、情報関連の大手企業に転職したのです。そこで組織活性化事業部で、組織開発商材の営業やコーディネートの仕事に従事することになったのです。

それまでの木村さんは、「営業は絶対に嫌だ」と思っていたそうです。しかし、実際に仕事をしてみると、自分には強い目的達成志向があり、提案型営業にとても向いていることに気づいたのです。

その一方、この時期の木村さんは周囲に対してとても攻撃的だったそうです。気分的にも、「ちょっとやさぐれていた時期」と振り返ります。他人に対して疑心暗鬼な傾向があったため、同僚との良い関係が作れなかったのです。しかし、経営者と会話をする機会が多く、そこから得たさまざまな学びが木村さんの後のキャリアに大きな影響を与えました。

数年の後、今度はメーカーの研究室のスタッフに転身します。前職の慌ただしさとは異なり、職場の雰囲気は穏やかで牧歌的でした。研究成果のプレゼン資料づくりやマニュアルの作成、試作機のハンダ付け作業など、いかにも研究所らしい地道な作業を日々行うようになりました。

個人のパフォーマンスが重要だった前職に対し、研究所ではチームで行う仕事の面白さ、達成感を味わうことができました。自分が前面に出るのではなく、研究者のサポーターとして貢献する面白さを知ったのです。

各種のソフトウェアの操作や簡単なプログラミングもこの時期に身につけました。個人的興味で簿記の資格も取得しました。気持ちに少しゆとりもでき、研究所の仲間との関係も良好でした。みんなで自転車クラブを結成し、レジャーを楽しんだりしたそうです。

しかし、木村さんは徐々にサポーター的な仕事ではなく、再び自分が前面に立つ仕事をしてみたいと思うようになります。そして、法人営業の経験があり、簿記の資格も持っていたことから会計事務所系のコンサルティング会社に転職したのです。

この会社では経営会議の運営支援など経営管理全般について多くの学びがありました。しかし、再び以前のような疑心暗鬼の傾向が強まったのです。仕事上のちょっとした違和感を覚え、ストレスを感じることも増えました。結局、この仕事も長続きしませんでした。そんな時、小さなＩＴ企業を立ち上げた元・同僚から、「会社を手伝ってほしい」と頼まれます。その会社では企業の管理部門に向けたＩＴ化の支援サービスを提供していました。

それは、法人営業の経験があり、組織の運営やＩＴなど幅広く経営全般に関する知識と経験を持っていた木村さんにはうってつけの仕事でした。それまで一貫性がなかった専門知識、スキル、経験がこの仕事によって一つに結びついていったのです。

木村さんは早い段階から仕事で結果を出していきました。そして、短期間のうちに会社の手伝いから経営への参画へと役割が変わり、さらには自分自身が会社の代表を務めることになったのです。

女性経営者として表舞台に立つようになった木村さんには、公的機関の開所式でのあいさつ、行政の委員といったさまざまなオファーが舞い込むようになります。コミュニティや社会とのかかわり方も変化しました。こうして木村さんのキャリアには一つの方向性が現れてきたのです。

また、その頃（90年代後半）、〝渋谷系〟と言われるＩＴベンチャー企業が多数登場するとともに、木村さんは、そうした企業のサービス企画やシステム構築などの支援も行うようになります。こうした仕事を通じて、木村さんはＩＴコンサルタントとしての評価を高めていったのです。

30代の半ばに差し掛かった頃、木村さんのキャリアに大きな転機が訪れます。当時、経済産業省は新たに「ＩＴコーディネーター」の資格を設けようとしていました。木村さんは、その資格の普及のためのプロジェクトにかかわることになったのです。このプロジェクトにたまたま関係していた知人が木村さんに声をかけてくれたのです。

このプロジェクトのために、全国から早々たる多種多様な人たちが集まりました。長期間の研修・合宿によって、それまでなかったような知的刺激を受け、さらに、このつながりから多様な企画、事業が立ち上がりました。また、このプロジェクトでの活動実績が、木村さんのその後の活動を大きく変えることにもなったのです。首都圏での実績が仕事の幅を広げることになったのです。

また、仕事のスタイルも変わりました。個人の成果を追求するスタイルから、仲間と共に活動するスタイル中心へと変わっていきました。さらに、プロジェクトにかかわったことで自身の知識不足を痛感した木村さんは情報系の大学院に入学します。こうして、学びと実践の新たなバランスも生まれたのです。

木村さんの関心はＩＴや情報分野に留まることはありませんでした。社会に出たばかりの頃に芽生えた、「だれもが自分らしく生き、働ける社会や組織づくりに貢献したい」という思いは消えていませんでした。そのため、仕事には直接関係のない心理学やメンタルヘルスに関する勉強も続けていました。

そして、50歳になる直前に、東京大学が主催する職場のメンタルヘルス専門家プログラムに参加したのです。木村さんの行動の背景には、近年、健康経営やウェルビーング経営（社員の幸福を考える経営）への関心の高まりがありました。この分野での実践のための新たな学びを得たいと考えたのです。

この行動も木村さんのキャリアに新領域を加えることになりました。ＩＴコーディネーターのプロジェクトに参加した時のように、今度は産業医、精神科医、看護師、心理専門家等とのネットワークを築くことができたのです。

こうして木村さんは、複数の領域で経営支援を行うようになりました。企業経営者やステークホルダーを巻き込みながら協働していくスタイルを、木村さん自身は「共創ジェネレーター」と名づけています。そして、今後は特にメンタルヘルスやウェルビーイング経営の支援で力を尽くしていきたいと考えています。

現在の木村さんは仕事をほぼオンライン上で行っています。場所的制約から自由になるだけではなく、年齢を超えたフラットな関係を築きやすいリモートワークのスタイルを木村さんは気に入っています。これからも特定の場所に縛られず、世界各地の多様な人たちと仕事をしていきたいと考えています。

木村さんはマラソンを趣味にしています。仕事で各地を訪れながら、仲間たちと連絡を取り合い、各地のマラソン大会に参加してきました。木村さんもまた、仕事、趣味、旅が一体となったライフスタイルを築くようになったのです。

木村さんは長期的な計画に基づいてキャリアを築いてきたわけではありません。その都度得た機会に全力で取り組んできたのです。それが30代半ばになって大きな方向性が出るようになったのです。以後は、幅を広げながらその方向性に歩んできたのです。

木村さんは、「私はご縁に恵まれてきたんです」と笑って振り返ります。しかし、その縁はひとりでにやってきたわけではありません。主体的な行動を積み重ねた結果、生まれたものなのです。

【事例5】コンピュータ好きの少年がコンピュータの専門家へ

原子拓さん（ネットワーク技術専門家／情報セキュリティ・マネジャー）

原子拓（はらこ・たく）さんはセキュリティ技術を駆使するＩＴコンサルティング企業の㈱ラックでセキュリティ事業部門のシニア・エンジニアとして働いています。

原子さんは両親が教育者という家庭で育ちました。両親は文系でしたが、原子さんは高度経済成長期の時代の雰囲気の中で「モノづくり」に強く惹かれていきました。原子さんは自分を「新幹線世代の人間」と呼んでいます。雑誌『ラジオの製作』を愛読し、地元の電器屋に通い詰めるような少年でした。

自分で考えたプログラムを書き込んだノートをお店に持ち込み、店頭のパソコンのデモ機に打ち込んで、そのプログラムが動くのを見て楽しんでいたそうです。こうした少年時代を送った原子さんは、大学の進学先もコンピュータに触れることができる数理科学を選んだのです。

大学の３、４年生の頃にはパソコン通信が始まり、初めてコンピュータ通信、ネットワークの世界に触れた原子さんは心が躍りました。当時はパソコンすら普及していなかった時代です。周りを見回してもせいぜいワープロ専用機があるといった程度でした。就職ではコンピュータネットワーク関連の会社を志望しました。

当時はまだインターネットは普及しておらず、大型コンピュータを使ったＶＡＮ（Value-Added Network：付加価値通信網）が脚光を浴びていた時代でした。原子さんは日立グループのＶＡＮ事業を行う会社に就職しました。


入社早々、原子さんは日立製作所のＩＴ系の研究所に出向となり、最新のネットワーク技術を学び、そこから新サービスを開発するという大きな仕事を任されます。先端の技術を学んでいたタイミングで、インターネットが始まったのです。こうして、原子さんは若くして黎明期のインターネット関連の先端技術者となりました。

ネットワーク技術の先端の研究者として3年がたった時、家庭の事情で故郷の浜松に帰ることを決断しました。コンピュータネットワークの仕事を探したのですが、当時の地方都市ではなかなかそうした仕事は見つかりませんでした。

そこに二輪メーカーのヤマハ発動機が、当時まだ登場して間もなかったＵＮＩＸの技術者を募集しているという話がありました。ＵＮＩＸは企業のシステムによく使われるようになり始めていたＯＳ（オペレーティングシステム）の一種でした。そのため、多くの企業がネットワーク技術者を求める時代になり始めていたのです。

当時、ヤマハ発動機は大型コンピュータを使った社内システムのダウンサイジングを検討中でした。原子さんのスキルは、その目的にピタリとはまったのです。原子さんは、「ヤマハ発動機からホストコンピュータがなくなるまではここで働こうと思いました」と振り返ります。

それまでの研究の中で、原子さんは「インターネットの世界ではダウンサイジングは必須になる」と考えていました。そこで、システムのダウンサイジング業務と、インターネットを利用するための業務を並行して行うようにしていきました。こうして原子さんは、情報システム部門のあらゆる業務を経験していったのです。

企業のネットワークをインターネットにつなぐことは、ファイヤーウォール（コンピュータの安全のため、通過させてはいけない通信を阻止するシステム）などのセキュリティ対策を行わなければなりません。こうして、原子さんは情報セキュリティの先端の知識と経験を蓄えていきました。

さらに原子さんは企業のホームページ関連の業務にも携わるようになりました。それによって、情報システム部門の人間でありながらブランディングやマーケティングにもかかわるようになったのです。原子さんは分野横断的な役割を与えられるようになったのです。原子さんは活動の場を社外にも広げていきました。クラウドコンピューティングの利用者である地元のエンジニアたちのコミュニティを立ち上げたのです。

クラウドコンピューティングは、インターネットを通じて必要なサービスを提供する技術です。インターネットの接続環境さえ用意すれば社内システムを簡素化できます。軽量ノートPCやスマートフォンを使って業務ができるようになりますから、機動的なビジネスが可能になります。クラウドコンピューティングはリモートワークに代表される、新しい働き方を推進する原動力となっているのです。

原子さんはコミュニティを通じて、地元のエンジニアたちのクラウドコンピューティング技術の底上げを図ろうと思ったのです。利害関係なしでテクノロジーを進化させる活動はソフトウェアの世界ではすでに行われており、原子さんにはすでにそうしたコミュニティでの活動経験がありました。そのやり方をクラウドコンピューティングの世界にも持ち込んだのです。

原子さんが多様な業務を手掛けていった背景にはヤマハ発動機の企業文化があったそうです。それは「自分たちでできることは自分たちでやる」というもので、すべてを外部委託にはせず、新しい技術を取り込んで解決していこうとする考え方だと言います。

その考え方の元に、原子さんは社内のネットワーク上の問題の監視と原因分析・調査の組織、ＣＳＩＲＴ（Computer Security Incident Team）の創設メンバーとなりました。そして、日本シーサート協議会にも参加したのです。

原子さんが「ヤマハ発動機からホストコンピュータをなくす」という目標を達成するまでには18年かかりました。ＣＳＩＲＴの立ち上げ、クラウドの活用、製造業におけるＩｏＴに取り組む経験もできました。


こうして原子さんはヤマハ発動機での仕事をやり切ったという気持ちを持つようになりました。そこで、仕事は後進にまかせ、自身の新たなキャリアを考えるようになったのです。原子さんの仕事探しはいかにも先端のエンジニアらしいものでした。「転職を考え始めた頃に、ＳＮＳでつぶやいてみたら数社からオファーがあった」のだそうです。そうしたオファーの中に㈱ラックが含まれていたのです。

「セキュリティだけではなくユーザー目線に立って幅広いソリューションをやっている会社だと思っていました。それに、ＩＴ業界の〝変わり者〟が集まっているイメージがありました」と原子さんは笑います。そして、「最終的には社会のセキュリティを高めることにかかわりたいと思ったのです」と付け加えます。こうして、原子さんは仕事の幅を広げ続けているのです。

プライベートの原子さんは地元の消防団に参加しています。原子さんによると、消防団の活動がセキュリティ事象への対応に似ているのだそうです。「消防団はチームで対応し、消防署とも連携します。これはセキュリティ対策がアナリストだけではなく、チームでの対応、他チームや組織との連携で行われるのと同じなのです」と言います。

さらに原子さんは農業も行っています。そのため農業生産者の立場から「食」について考えることが増え、農業や「食」を巡る環境をより良くしていくために、デジタル技術を通じて何か貢献できないかを模索しているそうです。

全く異なる分野に見えるものが、原子さんの目には関連性があるものに映るようです。そして、「〝新幹線世代〟なので、まだまだ止まることはできません。イノベーションを起こすためにできることはまだたくさんあると思っています」と語るのです。

原子さんは、変化の激しい情報技術分野のエンジニアとして、常に先頭を走り続けてきました。異なる組織の異なる目的に対して価値創造を行ってきました。ドラッカーは、「専門知識を全体の目的に結びつけることができる人」をゼネラリストと呼びました。本当の専門家とは、単に専門技術に詳しい人を指すのではなく、それを手段として意味のある成果をあげる人のことなのです。

ドラッカーは「三人の石工」というエピソードを紹介しています。昔、三人の石工がいました。一人目の石工は、「この仕事で生計を立てています」と言いました。二人目の石工は、「国一番の仕事をしています」と言いました。そして、三人目の石工は、「大聖堂を建てています」と言った、というエピソードです。そして、三人目こそが最も大きな価値を生む人なのです。

原子さんは、「国一番の仕事」をするエンジニアではなく、「大聖堂を建てる」エンジニアです。これからも「新たな大聖堂」を建てるワークライフが続いていくことでしょう。

第5章

【ハイブリッドワークライフ事例編・3】

制約条件の下で人生の成果を最大化する

人はそれぞれ固有の条件を抱えています。そうした条件のいくつかは、成果をあげるうえでの大きな制約となります。だれもが制約条件の下で成果を最大化しなければなりません。キャリアの面からすると、結婚・出産・育児、介護や病気などが代表的な制約条件です。人によっては経済的事情、社会的な条件も制約条件になるでしょう。厳しい制約条件に色々なことを諦める人もたくさんいるのです。

ハイブリッドワークライフでは、たとえどのような制約条件があっても、その制約条件の中での成果の最大化は目指したほうがよいと考えます。制約条件の無い人、少ない人に比べれば仕事や社会的活動に使える時間は限られるかもしれません。

しかし、限られた時間であっても、前向きに行動するほうが人生の成果は大きくなります。人生を豊かにするには努力や行動が必要なのです。

人は平等ではありません。１００歳まで健康に生きる人もいれば20歳で亡くなる人もいます。十分な教育を受けられる人もいれば、高校進学すら困難な家庭に育った人もいるのです。こうした両極端の制約条件の間には無数のバリエーションがあるのです。

ここでは家庭、病気やケガといったプライベートでの制約条件がある中で、人生をより豊かにしようと前向きに行動している方たちをご紹介します。たとえ制約条件があっても、前向きに行動するほうがよりよい人生になることを見ていただきたいと思います。

【事例1】子供のリハビリに全力を尽くし、仕事でもチャレンジする

岩本武範さん（データマーケティング専門家）

岩本武範さんのお仕事は地方の鉄道会社の管理職です。また、昨今、注目を集めているＭａａｓ（Mobility as a Service）という新しい都市交通の仕組みづくりの推進者としても活躍しています。

ビジネスパーソンである岩本さんには研究者としての側面もあります。大学の研究所の一員として、都市の移動環境を革新するプロジェクトの代表者も務めているのです。産学連携の要の役割を果たしながら、新たな時代の交通システムのあり方を探り続けているのです。ビジネスと学問的探究を同時に行っている点に、岩本さんのキャリアの特徴があります。

こうしたキャリアに加え、岩本さんにはビジネス書の出版、プレゼンテーション大会での全国優勝などの多彩な経験もあります。最近、副業なども認められるようになり、二足の草鞋、三足の草鞋を履く人も少しずつ増えてきています。岩本さんは、そうした働き方をはるか以前から実践してきたのです。

仕事の面での華々しい活躍の一方、岩本さんはプライベートでは大変な苦労を経験しています。20年以上前、一家でのドライブ中に、スリップした対向車に激突されるという大事故に見舞われたのです。岩本さん自身は胸骨骨折、奥さんも顔面挫傷の大けがを負ったのです。しかし、それ以上に深刻だったのは生後わずか2ヵ月だったお嬢さんの怪我の状態でした。お嬢さんは重い脳挫傷を負っていたことがわかったのです。

お嬢さんの怪我の状況について、「現代の医学では直せない。普通の生活を送ることは難しいだろう」とお医者さんに言われました。ショックを受けた岩本さんは、「信じたくない」という気持ちから、「何としてでも自分の手で直してみせる」と決意します。そして、脳の機能回復の方法を必死で探し求めていったのです。

自分が運転していた車の中でお嬢さんが大きな怪我をしてしまったことで、岩本さんは深く苦しみました。機能回復のために精魂を傾けましたが、「何とかしてあげたい」という気持ちでいっぱいだった岩本さんには、それは苦労でも何でもありませんでした。

こうしてあらゆる手を尽くした結果、お嬢さんは小学校に通うことができるほどに回復したのです。しかし、運動機能はとても弱く、発話にも苦労するお嬢さんは、学校生活に苦労します。

友達になじめず、先生からは「自分の意見を言わない子」と評価されていたそうです。岩本さんは、お嬢さんに申し訳ないという思いでいっぱいでしたが、あえて〝特別扱い〟はしないと心に決めたそうです。そして、全力で機能回復訓練を毎日一緒に行ったのです。箸の持ち方や食べ物を口に入れる動作、発話を繰り返す練習、こうした当たり前のことに他の子たちの何倍も何十倍もの時間を掛けたのです。ピアノや英語などの習い事にも積極的に取り組みました。努力は少しずつ実を結び、お嬢さんが12歳になった時、お医者さんから後遺症が寛解（かんかい）したとの判断を頂いたのです。

その後、お嬢さんは高校、大学へと進学しました。お嬢さんは、自分の実体験や自分を救ってくれた人への感謝の気持ちから福祉の仕事を選んだそうです。岩本さん自身には家庭人として苦労したという気持ちは全くなく、親としての責任と愛情を十分に注ぎ、お嬢さんを一人前に育てることができたと思ってホッとしているそうです。

子育てで大変な苦労をした岩本さんですが、ご自身も子供のころから苦労を重ねてきました。幼少期の岩本さんは小児喘息のため入退院を繰り返し、幼稚園にも半分ぐらいしか通えないほど病弱だったそうです。また、小学校では先生の教え方になじめず、あまり楽しいとは言えない学校生活を送っていたのです。

しかし、小学4年生の時に父親からサッカーを習い始めたことが転機になります。サッカーに打ち込むことで小児喘息の症状が消えたのです。こうして小さな一歩を踏み出したことで、岩本さんは少しずつ変わっていきました。中学ではバスケットボールに打ち込み、色々なことにチャレンジするようになりました。向上心が芽生え、性格も前向きになっていったのです。

その一方、バブル経済の崩壊が父親の仕事を直撃し、岩本家の家計は火の車でした。なんとか大学に入学したものの、学費や生活費を自分で稼がなければなりません。こうして岩本さんは、家庭教師やパチンコ店でのアルバイトなどに明け暮れる学生生活を送ったのです。「本業がフリーターで、副業として学生もやっている」と感じるほど懸命に働いたと言います。追い打ちをかけるように母親の乳がんが発覚する不運も重なりました。両親の苦労を目の当たりにしてきた岩本さんは、「絶対に強くなろうな」と兄弟で何度も語り合ったそうです。

大学を卒業した岩本さんは米国のゼネラルエレクトリック（GE）社の日本法人に就職します。「米国の有名な企業で働いてみたい」という単純な気持ちから志望したそうですが、さまざまなスキルを身につける機会があることにも魅力を感じたそうです。

ＧＥ社でＣＲＭ（Customer Relation Management）という顧客管理の仕事を担当したことで、岩本さんは統計学の専門知識を身につけていきました。それが、岩本さんのキャリアに方向性を与えてくれることになったのです。

ＧＥで数年働いたのち、岩本さんは故郷に戻ることになります。大事故にあったことがきっかけでした。地元に戻り、転職サイトでたまたま見つけたベンチャー企業に入社します。ＧＥで身につけたスキルが十分生かせる仕事であったことと、その会社が行おうとしていたプロジェクトに魅力を感じたためでした。

その後、岩本さんは地元の鉄道会社に転職することになります。その時は、必ずしもキャリアアップを狙っていたわけではなく、あまり先のことまでは考えていなかったそうです。しかし、直感的に「この会社を通じて面白いプロジェクトをやれそうだ」と思い、入社後は新しい交通カードの開発を通じて社会課題の解決に取り組むことになりました。

岩本さんは、自身のキャリアアップを想定して色々と動くよりも、自分自身が最高のパフォーマンスを発揮することのほうがより重要だと考えています。仕事自体の面白さや魅力は、岩本さんのキャリア選択の際の重要な判断基準なのです。また、岩本さんは「社会課題の解決」に強い関心があり、それができる場所こそが自分の輝ける場所ではないかと思っているそうです。

岩本さんの専門領域は「データサイエンス」です。データサイエンスとは、統計学などを用いてデータを分析し、社会にとって有益な新しい視点を導き出そうとする先端の学問分野です。そうした専門知識を、岩本さんは仕事を通じてだけではなく、自身の主体的な学び、継続的な〝自己投資〟によって身につけていったのです。

岩本さんの、スキルへの自己投資、困難に負けないチャレンジ精神は随所に発揮されています。たとえば、人前で話すことへの苦手意識を克服するためにセミナーコンテスト（主催：一般社団法人日本パーソナルブランド協会）に出場し、何度も失敗を繰り返しながら、ついに「日本一」の栄冠に輝いたのです。

さらに世界的なスピーチイベントのＴＥＤｘでは、自分と家族の体験を仕事と結びつけるプレゼンテーションも行いました。そこには、「あらゆる体験から社会的なニーズを見つけることができる」という岩本さんの考えがありました。自分の体験が誰かを救うきっかけになるのであれば、生きているだけで価値があることになります。岩本さんにとって、これほどうれしいことはないのです。

また、長年積み重ねた学術的研究の成果を一般化したいとの考えから、身近な事例を多数用いてコミュニケーション・人間関係・人間行動をわかりやすく解説するビジネス書の出版（『なぜ僕は、４人以上になると途端に会話が苦手になるのか』サンマーク出版）も行いました。この本への反響は大きく、岩本さんには有名出版社のオンライン上への寄稿依頼やＴＶの情報番組への出演オファーなども寄せられたのです。岩本さんの好奇心は思いもかけないキャリアをもたらしてくれたのです。

岩本さんのこうした取り組みは、地方企業に勤務するビジネスパーソンとしては異色のものでした。ビジネス書の出版についても、前例のないものであったため、社内からは色々な意見が持ち上がったそうです。

副業（ダブルワーク）が珍しくなりつつある今日では、岩本さんのようなチャレンジは珍しい事ではなくなりつつあります。複数の名刺を持つ人もたくさん出てきています。しかし、岩本さんは２００５年頃からそうした働き方を模索してきたのです。

岩本さんのキャリアはまだまだ続きます。一人の人間として人生を充実させること、そして自分の体験、自分の生き方を通じて社会に貢献したいと考えているそうです。人生のすべてが社会貢献につながるわけですから、岩本さんは「人生に定年は設けない」と考えているのです。

岩本さんはデータサイエンスという先端の知識を扱う専門家でありながら、その仕事の根底にご自身の実体験を置くという独特なキャリア観をお持ちです。個人的な苦労、つらい経験も広範な社会問題とつながりを持つものとして捉えられているのです。

【事例2】 社会の〝アンコンシャスバイアス〟に挑む

中田明子さん（経営コンサルタント）

中田明子さんは経営コンサルタントとして、大手企業や行政府に向けた研修を幅広く行っています。特に、女性の活躍や社内ロールモデル育成に関連するテーマを得意分野にしています。女性管理職が求められる昨今、中田さんの活躍の場はますます広がるようになりました。

中田さんは親が工場を経営する家庭の4人兄弟の長女として育ちました。後継者として期待されていた一つ年下の弟と何かと差をつけられてきたため、男女の区別に疑問と不公平感を持っていたそうです。それが中田さんの原体験となりました。

家庭の教育方針は厳しく、私大への進学は不可、浪人は不可、塾に通うのも不可、と言い渡されていました。すると、現役で国公立大学に合格するしか道はなく、ひたすら受験勉強に明け暮れて中高の6年間を送ったそうです。「もし、受験に失敗したら人生が終わる」

とまで思い詰めていたと言います。

幸いにも筑波大学に現役合格することができましたが、これが中田さんの「自分の意志と行動で人生を切り拓いた」最初の成功体験でした。その後、やっと学生らしい青春時代を送るようになり、大学では社交ダンスサークルでの練習に明け暮れたり、海外へのバックパッカー旅行などを楽しんだりしていたそうです。

就職活動では、まず都心の会社から内定をもらいました。しかし、地元の老舗企業から「第二期女性総合職」を募集しているとの案内があり、入社試験を受けたところその会社の内定ももらうことができたのです。

中田さんは東京で働くか、地元に帰って働くかで悩みます。当時から家庭を持って働くことをイメージしていた中田さんは、東京の会社に入社すると結婚相手の転勤などで居住地が変わる可能性を心配しました。また、都内では広い持ち家を持つことも難しそうです。満員電車に乗って長距離通勤をする自信も持てませんでした。そこで地元にUターンすることを決断したのです。

多様な事業を展開する地元の大企業に入社後、配属された先は保険営業部でした。会社初の女性営業職だったそうです。全国に出張しながら1万人以上のお客様に対してプレゼン型の営業を実施し、当初から好成績をあげることができました。

保険商品に全く関心のない人へのアプローチ法や共感型の営業クロージング手法などを独自に考えるなど、仕事の面で主体性を発揮していた当時を、中田さんは、「特に苦労することなく、自分本来の仕事ができた時期」と振り返ります。

こうして3年が過ぎると経理課に転属することになりました。営業から経理という畑違いの職務に就くことになり、知識不足や人間関係にはとても悩んだそうです。しかし、プライベートはとても充実していて、毎月仲間たちとダンスイベントの運営に奔走しながら、勉強ばかりで友人とのつきあいがあまりなかった中高時代を埋め合わせるように、地元の仲間を作れたことが心の支えになっていたそうです。

さらに3年後、総務部に配属されると理解ある上司のもとでやりがいのある仕事を任され、仕事に打ち込んでいきました。この時期に結婚・出産を迎え、第1子・第2子の育休を連続して取得した中田さんでしたが、復帰後はブランクを埋めるべく仕事への使命感に燃え、その後の第3子出産の後は夫が1年間の育児休暇を取ることで産後わずか6週間で仕事に復帰したほどでした。

ところが、ここに落とし穴がありました。復帰後に用意された仕事が「上司の配慮」により以前とは違うものだったのです。いわゆる、〝マミー・トラック〟（出産した女性社員が、出世コースから外れてあてがわれるキャリアパス）に陥った中田さんはもどかしさを感じるようになりました。その後の数年間、中田さんはキャリアと家庭との両立に悩み続けます。3人の育児との両立で仕事と家庭のバランスが大きく崩れ、短時間勤務制度の利用など様々な方法を模索しましたが、伝統的な男性中心の企業風土の中で仕事を続けることに、中田さんは徐々に希望を見出せなくなっていきました。

中田さん自身にも「育児中の女性にはハードな仕事は無理」という無意識の思い込みがありましたし、もっと子供と接する時間を持ちたいという想いもありました。その一方、仕事でやりがいを感じたいという気持ちもあり、長い人生を見据えた時に、人生の時間を楽しむという観点において、現在の仕事のあり方に危機感を持つようになりました。「働き方」を変える必要性があると感じるようになり、こうして、中田さんは退職を意識するようになったのです。

そして、漠然と起業などのように自由度の高い働き方を模索するようになりました。肉体的・精神的に苦しい時期でしたが、合間をぬって様々な勉強会やセミナーに参加する中で自分の力で成功を掴んでいる人、成功に向かって努力する多くの人とかかわり交流を深めていきました。

こういった影響もあり、中田さんは一念発起します。人事部長に直訴し、市街地活性化プロジェクトの一環として児童向け施設の運営担当者に抜擢してもらったのです。プロジェクトでは、三人の子供を抱える母親としての目線を生かし、大手地域企業、スポーツクラブ、大学、学童保育、ボランティアなどの力を結集して、施設利用者数を倍増させる成果をあげることができました。

この事業の経験から、中田さんは「**自分のリーダーは自分である**」と確信したそうです。選んだ道を正解にするのは自分自身であり、最初の一歩を踏み出す勇気が大切なのだという考え方は、コンサルタントとしての中田さんの信念となりました。

社内プロジェクトを成功させた中田さんでしたが、仕事への違和感はぬぐえませんでした。漠然と新しい道を模索する中で、社会人向けのプレゼンコンテストにも出場するなど、機会あるごとにさまざまなチャレンジを積み重ねていきました。

そうした中で、かねてより交流のあったベンチャー企業から誘いを受け、転職したのです。時間と場所の制約の少ない仕事のスタイルや女性が活躍できる社会を作るという会社の目指すビジョンに大きな魅力を感じたのです。その会社では自治体や企業に対して企画営業や事業のディレクション業務を行うようになりました。

リモートワークを取り入れたフレキシブルな業務スタイルの会社でしたが、時間や場所に制約がない分だけ、今までにはなかった自己管理が必要になりました。子育てとの両立もあって、自宅での早朝、深夜業務が増え、時間のやりくりが次第に難しくなっていきました。それに加え、前職では大組織特有の放任主義がありましたが、新しい仕事には、成長を目指す中小企業特有の制約があり、仕事に自分を合わせていく必要がありました。

そこで、「会社の期待する役割に応える働き方」ではなく、「自分の役割を自分で決める自由な働き方」を求め、約2年間の勤務の後にコンサルタントとして起業したのです。

明確な事業計画を持って起業したわけでもなく、相変わらず家事等で時間の制約もある中での起業は模索の連続だったと中田さんは振り返ります。

「自分は社会にどんな価値提供ができるのか?」「誰が自分の顧客となるのか?」ということも定まらないまま、その答えを探すべく、とにかく「今できること」にその都度「全力で」取り組んでいったのです。

中田さんは、コンサルタントとしての〝商売道具〟(講師スキルやコンテンツのための専門知識など)を磨くための活動と、その〝商売道具〟を仕事に結びつけるためのマーケティング活動の二つに力を入れるようになりました。

講師スキルを磨く中で、「ありたい未来」の実現に向かって数多くの行動をとるマインドセットを身につけました。セミナー講師として差別化するための試行錯誤によって、営業をしなくても仕事のオファーが来る基盤を作ることもできました。新たな一歩を踏み出すためのこうしたプロセスは中田さんにとって楽しいものでした。

セミナーや講演の仕事は、勉強会での交流、会社員時代の取引先、学生時代の友人など、これまで培った人脈からの紹介、口コミなどでいただくようになりました。一つの仕事が次の仕事につながる好循環も生まれました。中田さんは、多くの打ち手によってたくさんの機会を得ることができたのです。たとえ、専門外の仕事であっても積極的に引き受け、それを新たな学びの機会として考えているのです。

中田さんが最も力を入れているテーマの一つが、「アンコンシャスバイアス（無意識の偏見）」の対策、です。近年、社会の多様性が求められるようになってきましたが、まだまだ社会の各所で無意識の偏見が残っており、それが女性の活躍やダイバーシティの推進を阻んでいます。

それは、女性総合職がまだ珍しかった時代に社会に飛び込み、さまざまな「アンコンシャスバイアス」を経験してきた中田さんならではのものです。中田さんは女性活躍を望む企業の側、そして働く側の女性それぞれに対して新たなワークライフにおける物の見方、考え方を提起し続けているのです。

独立してからは、仕事が重なり、時には、早朝深夜の時間投入が続くような多忙を極める期間もあるそうですが、それが全く苦痛ではないそうです。自分のやりたいことをやりたいようにできているという気持ちが強く、周囲からは、「頑張っている」、「努力している」とよく言われるそうですが、中田さん自身は特別に努力しているという実感もないそうです。現在、中田さんは家族との時間や自分自身の成長の時間を大切にしつつ、子供たちの生きる時代が「誰もが自分の人生の主役として生きられる社会」になるために、できる限りの貢献をしていきたいと考えているのです。

【事例3】 子育ての疲れは仕事でリフレッシュ、これからの時間は自分のために

片川乃里子さん（フリーアナウンサー）

片川乃里子さんはフリーアナウンサーとして、静岡県では顔がよく知られた存在です。TVやラジオのパーソナリティやリポーター、イベントや式典の司会などさまざまな場面で活躍しています。

片川さんは元々アナウンサーを目指していたわけではありません。人と接する仕事に就きたいと考え、大学時代の就職活動ではデパートや航空会社を目指していました。その頃、実家の母親から「地元のテレビ局とか受けてみたら？」と言われたのです。

片川さんは、「さすがにムリでしょう」と思ったそうですが、「受かったらラッキー」と軽い気持ちで応募してみました。すると、あれよあれよという間に採用が決まってしまったのです。こうして片川さんはアナウンサーとして社会での一歩を踏み出しました。

同期の女性アナウンサーは即戦力になりそうな実力の持ち主ばかりでした。ところが、素人同然の片川さんは初歩的な発声法から勉強しなければなりません。しかも、東京のキー局とは違い、地方局ではアナウンサーはすぐに現場に投入されるのです。

入社後わずか1ヵ月で片川さんは夕方のお天気コーナーを担当することになりました。番組で「3、2、1、キュー」とディレクターから指示を出されると、片川さんの頭は真っ白になったそうです。滝のように汗が流れ、セリフも出てきません。なんとか話し始めても、すぐにトチってしまいます。すると、下を向いて原稿ばかり見てしまう……という悪循環が続きました。

上司や先輩からは毎日のように叱られ、「テレビに出ると怒られるから、もう出たくない」と思い詰めてしまうほどでした。しかし、上司から「片川さんは報道よりもバラエティ番組に向いているかもしれない」と言われ、情報番組などを製作する班に移ったことが片川さんの転機になります。この新しい仕事に片川さんは必死で食らいついていったのです。

すると、そうした片川さんの頑張りを評価してくれる人も増えていきました。そして、二年目になると視聴率20％の看板情報番組の女性司会者に大抜擢されたのです。ご両親は大変喜んでくれたそうですが、片川さんはプレッシャーに押しつぶされそうになりました。「怖くて逃げだしたい気分」だったそうです。

司会を務めることになったのはフリートーク中心の番組でした。タレントさんとの掛け合いもあります。気の利いたことがなかなか言えず、毎日のように怒られて陰でたくさん泣いたそうです。

しかし、仕事に対する真摯な姿勢がプロデューサーに認められ、片川さんの個性が生かせるさまざまな体当たり企画が用意されるようになったのです。バンジージャンプ、珍獣の紹介、ダイエット企画、食レポなど、いろいろな経験を積むことができました。片川さんも、少しずつアナウンサーの仕事が楽しいと感じるようになったのです。

肩の力もだんだんと抜けて、言い間違いをしても、場がしらけても、「ちょっと恥ずかしいけれど、これが私なんだから」と吹っ切れるようになりました。すると、周囲が片川さんを見る目も変わっていきました。ディレクターから、「この企画は片川さんなら面白くなりそうだ」とか「片川さんの食べている顔で食べ物がおいしそうに見える」と言われるようになりました。さらに、「片川さんがインタビューをすると相手がリラックスして本音を話してくれる」と頼りにされることも増えたのです。

こうして次々と新番組を担当するようになった片川さんは5年後にテレビ局を退社します。仕事はとても充実していましたが、結婚が決まったこともあり、多忙な生活に区切りをつけ家庭に入ろうと思ったのです。退社した年に結婚し、翌年には長女が生まれました。出産、子育ては想像以上に大変なものでした。夫のいない日中は子供と二人きりの生活がずっと続き、精神的にも参ってしまったのです。そんな時、ラジオ番組から主婦レポーターとしてオファーがありました。仕事で得られる充実感が忘れられなかった片川さんは二つ返事で引き受けます。子育ては夫の両親と同居して手伝ってもらうことにしました。

しばらく主婦業に専念したことで、片川さんの考え方は変わりました。独身時代とは違い、「キレイに映りたい」とか「他のアナウンサーと比べられたらいやだな」といった見栄やこだわりがなくなっていました。当時は、子育てをしながら番組に出るアナウンサーが珍しく、「主婦としての意見を聞きたい」と番組でコメントを求められることが増えました。主婦としての感覚や子育ての経験が片川さんのキャリアの幅を広げることになったのです。そして、「やっぱり仕事って楽しい！」と改めて思ったのです。

次女が生まれるとさらに子育てが大変になりましたが、義母に加え、実家の母親、ご近所さんやママ友にも助けてもらいながら家庭と仕事を両立させていきました。片川さんが築いた、周囲の人たちとの良好な人間関係が、多忙な生活を支えてくれたと言います。

仕事のスケジュール管理と、娘の預け先をどこにするかを必死に考える日々が続く嵐のような日々でしたが、片川さんは仕事ができる喜びで乗り切っていきました。

二人の娘が小学生になると、「バスケをやりたい」というようになりました。クラブに入団させるには親のサポートが条件になるのですが、片川さんも夫も仕事の関係で週末に十分手伝うことができません。しかし、子供たちの希望をかなえたいと思った片川さん夫婦は、平日夜のお手伝いをたくさんすることで子供たちの入団を認めてもらったのです。

その後もご主人の単身赴任、同居する義父の介護といった家庭の事情で片川さんはさらに多忙になりました。子供たちはますますバスケにのめりこんでいきます。「家庭の話題はすべてバスケでした」と片川さんは笑って振り返ります。バスケの強豪校に進学した次女のサポートで、毎朝4時前には起きなければなりませんでした。

仕事、介護、子育てと嵐のような忙しい生活を送ってきた片川さんですが、やっと節目を迎えようとしています。二人のお嬢さんが成長し、家を出て自立する時を迎えたのです。片川さんは、「子育ては私たち夫婦だけではとてもできませんでした。義母はもちろん、近所の皆さん、バスケにかかわるすべての方たちのおかげでした」と振り返ります。片川さん夫婦の背中を見て育ったお嬢さんたちも、しっかりと社会性を身につけ、主体性を持って頑張る子供たちに育ちました。

こうして子育てが一段落した片川さんは、再び仕事に重点を置こうとしています。週に2回のTV出演、同じく週2回のラジオ番組の他、さまざまなイベントで司会を務める生活を送っています。これまで培った人脈から、新しい仕事のオファーを次々といただいているそうです。最近では、結婚相談所の縁結びのサポーターを務めたり、ふるさとの島田市が誇る諏訪原《すわばら》城の応援隊として春風亭昇太師匠らとPR活動に励むなど、仕事の幅を広げているそうです。

これまでの片川さんは、「子育ての疲れは仕事でリフレッシュ、仕事の疲れや失敗はお嬢さんたちとバスケに夢中になることでスッキリ」させてきたそうです。しかし、新たな一歩を踏み出した片川さんは、子育てに費やしていた時間を、自分の教養を高めるために使うようになりました。美術館や博物館を訪れたり、映画鑑賞や読書をしたりする機会が増えたのです。長い人生、まだまだ活躍するためには「体力」が一番必要だとも考えています。体力があれば気持ちが前向きになるからです。最近ではマラソンやテニスをすることが楽しくて仕方がないそうです。

教養と体力をつけて、アナウンサーの仕事をしばらく続け、その後は、ご両親が営む花屋を手伝いたいという気持ちもあるそうです。もともと商売にも興味のあった片川さんは、「ジェラートを提供するお花屋さんにしたら楽しいかも」と夢を膨らませているそうです。

そして、「じっとしているのが苦手なので、ずっと店番ができるか心配です」といって笑い、「週の半分はお店に立ち、残りの半分を孫のお世話をする老後が理想です。もしも孫がバスケをやってくれたら、週末には応援に出かけます」と語ります。

【事例4】キャリア、子育て、やりたいことすべてをあきらめない

宮下真紀子さん（産学連携コーディネーター）

宮下真紀子さんは公益財団法人浜松地域イノベーション推進機構のフォトンバレーセンターで産学連携コーディネーターとして活躍しています。7人いるコーディネーターの内

の唯一の女性コーディネーターです。産・学・官そして金融機関が連携して中小企業の課題を大学の知見などによって解決し、事業化することを支援するプロジェクト（A－SAP）に従事しているのです。

宮下さんはとてもアクティブな女性です。その行動力の源は、小・中・高校、そして社会人になっても続けたバスケットボールにありました。

小学生の頃、球技が得意だった宮下さんは、「私が一番うまい」と思っていたそうです。ところが、バスケの強豪中学に進学すると、自分の実力が平均以下であるという現実に直面します。ショックを受けた宮下さんですが、何としても先輩や先生に認めてもらいたい一心で基礎から徹底的に学んでいったのです。

先生の厳しい教えを素直に、忠実に反復していくことで着実に実力があがっていきました。競争心が養われ、背番号が一つ、また一つ上がっていくことに喜びを感じるようになりました。

高校に進学すると、さらにバスケ漬けの日々を送ります。上級生になるとチームをけん引する役割を与えられました。チームが日々の厳しい練習を乗り越えるために、コーチの動きや思いを先読みし、チームを方向づけることが習慣になりました。声を出してコミュニケーションをとり、雰囲気を高めることを意識しました。

決して強豪チームではありませんでしたが、バスケを通じて体力的・精神的に鍛えられた宮下さんは、「どこでも戦える自信」を身につけたのです。そして、宮下さんは関西にあるバスケ強豪校の短大に進学したのです。

大学でもバスケに打ち込むつもりだった宮下さんでしたが、いざ入部すると、旧態依然とした指導法や規則だらけのチームになじめず、あれほど好きだったバスケットボールを途中で断念することになりました。その代わり、2年連続でホノルルマラソンに出るなど、アクティブなライフスタイルは変わりませんでした。

短大を卒業した宮下さんは営業職として故郷・浜松の企業に就職します。当時、若い女性は〝笑顔〟と〝愛嬌〟でお仕事を頂くのが当たり前でした。しかし、それは宮下さんが思い描く仕事のやり方ではありません。宮下さんは、本物のスキルを身につけたいと思ったのです。

そこで会社を退職し、女性経営者が立ち上げたばかりの東京のベンチャー企業に就職しました。そこでセールスプロモーションの仕事をすることになったのです。

右も左もわからない東京で、大企業を相手に20代の女性が営業の仕事をすることは並大抵のことではありません。前職での営業とは違い、〝笑顔〟で仕事がもらえるわけではありません。お客様に価値を認めていただかない限り結果は出せないのです。

厳しい営業の最前線で宮下さんは何度も打ちのめされたと言います。涙で枕を濡らしたことも10回や20回ではなかったそうです。営業の目標数値と向き合い、戦う日々が続いたのです。しかし、必死で仕事に食らいついていく中で少しずつ結果が出るようになりました。自身による渾身の企画が顧客の心をつかみ、商品化され、商品が消費者に届いたのを見た瞬間の感動と興奮は例えようもないほどでした。宮下さんは営業の醍醐味を味わうようになったのです。宮下さんは、「さらに成長したい」と思うようになっていました。

こうしてキャリアの土台を築いた宮下さんでしたが、30歳の時に転機が訪れます。結婚を機に故郷の浜松に戻ることになったのです。浜松に戻る決心をした宮下さんでしたが、東京で築いたキャリアには後ろ髪を引かれる思いがしました。厳しい営業の世界でせっかく身につけたスキルをムダにしたくないと思ったのです。

東京で仕事をしている時、宮下さんの周りには自立した年上の独身女性がたくさんいました。しかし、仕事ができ、周りからあこがれる彼女たちは将来のキャリア、出産、パートナーについての悩みを抱えているようでした。宮下さんは、彼女たちに憧れ、尊敬しつつも、心の中に何か引っかかるものを感じていました。

宮下さんは、「これからの時代の女性は、結婚、子供、家庭、仕事、プライベートのどれかを諦めるのではなく、すべてを手に入れてしなやかに生きるべきだ」と考えていました。そして、築き上げたキャリアを手放し、結婚して地方都市の浜松に帰郷したのです。新しい仕事はなかなか見つかりませんでした。東京でのキャリアがかえって就職活動の妨げになったのです。面接にこぎつけた何社かからは「お願いできる仕事がない」と断られてしまいました。そこで、正社員の仕事を諦め、派遣社員として大手メーカーで仕事をすることにしたのです。

ところが、いざ仕事を始めてみると、宮下さんにはあらゆることが「遅い」と感じられました。東京での仕事のスピードが新幹線ならば、与えられた仕事はトロッコ列車並みなのです。しかも、部署に少数いる正社員の女性は〝お姫様〟のように扱われ、新入社員レベルの仕事しかしていませんでした。宮下さんは、「これが現実か……」と落胆したそうです。

嘆いているだけでは何も変わりません。宮下さんは上司に、「新商品の開発やマーケティング、販売促進の仕事をやらせて欲しい」に何度もお願いしました。その結果、時間はかかったものの、女性向け商品の企画から販促まで、さらに新規プロジェクトチームにも入れてもらえるようになったのです。これらの仕事は宮下さんにとって貴重な経験になりました。

こうして帰郷して3年が過ぎ、宮下さんは妊娠・出産のため仕事を離れることになりました。無事、出産した宮下さんは早期の仕事への復帰を考えました。しかし、現実は厳しく保育園を見つけることさえ一苦労です。入園後も子供が頻繁に体調を崩すため、家族や周囲の協力を仰ぐ必要がありました。

宮下さんは、出産後、すぐ仕事に復帰するつもりでした。元の職場もそのように配慮してくれていました。ところが、その職場がリーマンショックによる大打撃を受けたのです。再雇用の話は到底できない状況になりました。再び派遣の仕事を探していたところ、静岡大学の教授の秘書の仕事を紹介されました。

秘書業務の経験はありませんでしたが、体育会系仕込みの上下関係の礼儀、相手の思いを汲み取っての先手を打った行動、積極的なコミュニケーション能力を生かせばなんとかなるだろうと考えたのです。

大学での秘書の仕事はとてもやりがいのあるものでした。それは、宮下さんが身につけた能力を十二分に活かせるものだったのです。教授のスケジュール管理などの日常業務に加え、学会や国際会議の事務局としての準備から事後の報告書作成までのすべてを取り仕切る役割も果たしました。宮下さんはこの仕事を6年間続けたのですが、その間、担当していた教授は学長補佐、副学長、理事へと昇進していきました。すると電話やメールで対応する相手もそうそうたる顔ぶれになります。こうした方たちへの対応には東京で培った営業経験が役に立ちました。

とても充実した日々を過ごしていた宮下さんですが一つ問題がありました。派遣社員であったため、どれほど能力を発揮して重要な役割をこなしても一般事務の派遣としての給料しかもらえないのです。

そこで、仕事に区切りがついたタイミングで新たな職を探したのです。ちょうどその時、浜松に産学官のネットワークによるさまざまな産業の中核的な支援機関「フォトンバレーセンター」が、新たな支援事業（A－SAP）を立ち上げたのです。こうして宮下さんは新たなキャリアを歩み始めています。

新しい仕事は5年の有期雇用であり、正社員ではありません。しかし、さまざまな新規事業の支援にかかわれるやりがいのある仕事ですし、待遇も男性コーディネーターと同等です。家事や子供の学校行事との両立もしやすいと言います。

宮下さんが東京でのキャリアをあきらめて浜松に戻ってから、自分の理想である「しなやかに生きる女性」にたどりつくのに14年の歳月が流れました。女性が家庭と新たなキャリアを両立させることが、いかに大変なのかがよくわかります。

今、宮下さんは仕事にもプライベートにもアクティブに取り組んでいます。体を動かすことが大好きな宮下さんにとって、海、山、川がすぐそばにそろっている環境は都会では得られないぜいたくでした。20代はトライアスロンやサーフィンにも熱中していた宮下さんは、最近では家族や友達とSUP（サーフボードの上に立ち、パドルで漕いで進むマリンスポーツ）などを楽しんでいます。

また、母親の影響で始めた茶道も帰郷・出産をきっかけに再開。今では子供と一緒に取り組んでいます。仕事と家庭、「動」のマリンスポーツ、「静」の茶道、と宮下さんは多忙ではあるものの、充実したライフスタイルを満喫しているのです。

【事例5】 病気と社会的偏見、2つの制約に気持ちで負けない

冷泉潮美さん　（行政書士／セクシャルマイノリティ講師）

行政書士の深井勝彦さんは、セクシャルマイノリティ（性的少数者）です。その中でも、身体や戸籍では男性ですが、ご自身では性別が女性であると認識しているトランスジェンダーの方です。深井さんは、「冷泉潮美（れいぜい・しおみ）」という女性としての名前で

も活動されています。ここでは「冷泉さん」とお呼びすることにします。

冷泉さんは公務員として働き始めた20代から長きにわたって難病に苦しめられてきました。潰瘍性大腸炎という安倍晋三・元首相も苦しんだ治療が困難な病です。冷泉さんは闘病のため仕事を辞めざるをえませんでした。

地道に治療を続け、病気の症状が落ち着いてきた時には、冷泉さんは30代半ばに差し掛かっていました。仕事を探し始めた冷泉さんですが、社会人としてのキャリアがほとんどないことで正社員の仕事は見つかりません。派遣社員の仕事を見つけるのが精一杯だったのです。

こうして冷泉さんは派遣社員として自動車ディーラーで働くことになりました。仕事は自動車の登録手続のオフィスワークです。冷泉さんは熱心に働き、少しずつ周りの信頼を集めるようになっていきました。

冷泉さんは、職場では自分がトランスジェンダーであることを隠して働いていました。自動車販売業界は、どちらかというと男社会です。男性はビシッとスーツを着て働くのが当たり前なのです。冷泉さんは、周囲に合わせて「男」として立ち居振る舞うことがとても苦痛でした。

また、派遣社員という立場は正社員に比べて不安定です。今の仕事をいつまで続けさせてもらえるかわかりません。それに派遣社員から正社員になることは簡単ではないのです。そこで、冷泉さんは行政書士の国家資格を取得しようと考えました。行政書士とは、本人に代理して、官公庁に許認可の申請や届出の手続きなどをする国家資格です。行政書士になれば自動車登録手続の専門家として独立できるかもしれないと考えたのです。

しかし、冷泉さんはさらなる不運に見舞われます。40歳を過ぎたころに直腸ガンを発症したのです。冷泉さんは仕事をしながら闘病、行政書士試験の受験に取り組んだのです。コツコツと努力を続け、やっと行政書士試験に合格した冷泉さんは独立を決意します。その時、冷泉さんはもう50歳近くになっていました。

たとえ行政書士として開業できたとしても、それで食べていくことは簡単なことではありません。しかし、冷泉さんは派遣社員として勤務していたディーラーから、登録手続の仕事をもらえることになりました。冷泉さんの長期間にわたる真面目で熱心な仕事ぶりが高く評価されていたのです。


社会の中に居場所を見つけた冷泉さんは、さらなる一歩を踏み出します。セクシャルマイノリティとして世の中に自分の考えや思いを発信しようと考えたのです。そして、プレゼンテーションのイベントに登壇することを決意したのです。

プレゼンテーションのイベントは、地方予選を勝ち抜いた人が全国大会に出場するという方式でした。冷泉さんは男性用のスーツではなく、ブラウスやスカートといった女性の服装で登壇しました。しかし、本番では緊張してしまい、うまくプレゼンすることはできませんでした。

審査員からは、「そんな自信のなさそうな態度だと、『セクシャルマイノリティの希望の光』にはとてもなれませんよ」と厳しい指摘も受けました。冷泉さんは、まだ自分がセクシャルマイノリティとして本物の自信を持てていないことに気が付いたのです。冷泉さんは改めて自分の人生を振り返りました。

長い闘病生活のため社会人としての自立は確かに人より遅くなりました。しかし、そうした困難な状況にくじけず、努力を続け、やっと行政書士として独立することができたのです。冷泉さんが本当に自信を持っていたのは、こうした前向きな努力に対してであったことに気づいたのです。さらに、自動車の登録手続という「地味な仕事」を丁寧に行う自分自身の姿勢に対してだったのです。

冷泉さんは自身がセクシャルマイノリティであることを、ことさらに強調することを止めました。病を克服し、社会人として役割をしっかりと果たすという考えをはっきり口にするようになったのです。

冷泉さんには三度の大きな決断がありました。最初は、引きこもりの状態から社会に対して一歩を踏み出したことです。二度目は、行政書士試験に挑むことを決意し、勉強を始めたことです。そして、三度目は、試験に合格後、独立開業を決め、実際に開業したことです。

病を抱えて引きこもっていた冷泉さんのこうした決断を不思議に思う人もいたそうです。ある人からは、「冷泉さんは〝一念発起力〟があるね」と言われたそうです。しかし、冷泉さん自身にも自分がなぜこうした決断ができたのか不思議に思うこともあるそうです。なかなか決断できない人の参考になるように、きちんと説明できるようにしていきたいと考えているそうです。

こうして社会人として本当の自信を持った冷泉さんは、女性としての自分を堂々と打ち出せるようになっていきました。ファッションやお化粧にも力を入れるようになりました。トランスジェンダーであることを強調しなくなったことが、逆に生き生きとしたライフスタイルを生み出すことにつながったのです。

現状では、日本におけるセクシャルマイノリティへの理解は十分に進んでいるとは言えず、また、セクシャルマイノリティの人たちが生きやすい環境にあるとは言えません。しかし、冷泉さんはそうした状況は自分の受け止め方次第で変えられると言います。

病気の症状が重かったころの冷泉さんは、「周りから腫物扱いされている」と感じていたそうです。実際に、冷泉さんから離れていく人もいたと言います。その時、冷泉さんは、「どうして理解してくれないんだ」と悲しい気持ちになったのです。

しかし、後に冷泉さんは、「自分自身が周囲の人を理解しようとしないから、自分は腫物扱いされたのだ」と気づいたそうです。「自分は病気なんだ。それを理解してほしい」と周囲の人に求めるだけで、周りの人を理解しようとしていなかったのです。こうして冷泉さんは、「周囲の人に理解してもらうためには、まず、自分自身が周囲の人を理解しようとしなければならない」と考えを改めたのです。

この話は病気だけではなく、セクシャルマイノリティの啓発活動にも当てはまると言います。最近、積極的に発言をするセクシャルマイノリティの方たちが増えています。ところが、「自分たちが生きづらいのは周りが理解してくれないからだ」と主張する人が多いのだそうです。冷泉さんには、そうした主張をする方たちには、「周囲の人たちを理解しようとする姿勢が足りていない」と感じるそうです。ご自身の経験から、「自分から周囲を理解しようとする姿勢がなければ、周囲の人は決して受け入れてくれない」と考えるのです。自分が変わらなければ周囲も変わらないのです。

冷泉さんは、セクシャルマイノリティであること以上に病気で苦しんできました。「セクシャルマイノリティとしての悩みと難病と闘う苦しさと比べたら、難病との闘いのほうがはるかにつらかった」そうです。苦しい闘病生活の中で気づいた、「理解してもらう前に、まず自分が相手を理解する」という考え方が大切だと言います。

冷泉さんは「生きづらさ」の大きな原因は「自己嫌悪」にあると感じています。そして、「世間が悪い」「社会が悪い」「国が悪い」と言い続けている人たちの根っこには、「自己嫌悪」があると思うようになりました。たとえ、どれだけ状況が改善されても、「自己嫌悪」がある限り、いつまでも「生きづらさ」を抱えることになるのです。苦労を重ねた冷泉さんの言葉には重みがあります。冷泉さんは、極めて厳しい制約条件の中で自身のライフスタイルを作り上げた人です。心の持ち方を変えることで、自信を持った生き方ができることを教えられるような気がします。

第6章

ハイブリッドワークライフを実践する6つの視点

ハイブリッドワークライフは、人生の成果を最大化するためには主体的な行動が必要という考え方です。人はそれぞれに特有の制約条件を抱えているため、目指す方向は異なってきます。個人がそれぞれの制約条件の中で、より豊かな人生を歩むには主体的な行動が必要なのです。

制約条件は人それぞれ違います。しかし、似たような制約条件を抱える人で類型化することが可能です。たとえば、組織や会社に属して働く人と、経営やフリーランスのように比較的自由度がある人とでは物の見方、制約条件は変わってきます。

さらに、結婚、出産・育児、介護などの個人のライフステージの変化もキャリアに大きな影響を及ぼします。また、キャリアの終わりをどのように考えるかも大切です。長寿化の中で定年や老後をそれぞれが捉え直す必要があるのです。

そこで、それぞれのライフステージに共通すると思われる事情、制約条件について簡単に整理しておきたいと思います。

1 組織や会社で働く人に向けて

ハイブリッドワークライフのタイトルに、最も関係するのは組織や会社で働く人たちです。終身雇用や年功序列といった日本型の雇用制度から、職務や役割を中心とした「ジョブ型」と呼ばれる制度に移行していく場合、ハイブリッドワークライフの考え方を実践している人は最も恩恵を受けるでしょう。

従来のような「就社」の意識、終身雇用や年功序列によって自分のキャリアは安定していると考え、安心している人はハイブリッドワークライフについてよく考えてみる必要があります。

人生100年時代に生きる私たちには70歳、80歳までを見据えたキャリア戦略が必要です。学校を卒業してから半世紀以上の間には何が起きるかはわかりません。巨大企業がいとも簡単に崩壊することも珍しくはありません。自分が身を託した組織が永続する保証はありません。

正規雇用と非正規雇用の区別は意味を失いつつあります。**雇用形態ではなく能力や成果で評価される傾向が強まっています。「大手企業の正社員」という肩書が人生の保証書にはならない時代が到来したのです。**

たとえ、一つの組織にずっととどまる場合であっても、自立し、主体性を持って行動することは必要です。仕事上の成果をあげる力が弱ければ、人生の成果も大きくはなりません。自らの会社、業界の常識がすべてではありません。多様なものの見方を身につけることで、大きな変化を乗り切る力も高まるのです。

2 経営者やフリーランサーに向けて

経営者やフリーランサーはもともと主体性を持って行動している方たちです。仕事とプライベートを一体のものとして捉え、自己管理するライフスタイルが当たり前になっている人も多いでしょう

ある意味では最も〝ハイブリッドワークライフ〟的な人たちと言えるかもしれません。しかし、そうしたライフスタイルを持っていることを自覚している人ばかりではありません。無意識に行動している人も多いでしょう。

マネジメントとは成果をあげるために意識的に行動していくことです。無意識に行うより意識的に行うほうが成果は大きくなります。仕事の質、人生の質をよくするためには、明確な考えの下でライフスタイルを築くほうが有益でしょう。

今後、組織や会社で働く人たちにも主体性が求められるようになり、経営者やフリーランサーとの働き方の違いは少なくなるでしょう。経営者やフリーランサーの側では、そうした人たちの新たな関係を築く努力が必要になります。

これまでの自分のワークスタイルや、新たに登場するワークスタイルを模索するうえでもハイブリッドワークライフへの理解は大切です。

3 結婚、育児、介護、病気などによる離職中の人に向けて

『LIFE SHIFT』では、長寿化によって学業、仕事、老後といった3つの区分から、各ステージを行き来するマルチステージ化の時代が到来したことが指摘されました。ハイブリッドワークライフは、その考えを一歩進め、人生のステージがハイブリッド化したと捉え直します。

それは、複数のステージが並行し、重なり合うことを想定したワークライフの時代になったことを意味します。仕事をしながら育児や介護をする人は、複数のステージを同時に選択していることになります。

また、育児や介護、病気などでいったん仕事から離れた人も、次のステージに向けての準備を行うことは重要です。その場合、育児などのステージと次の仕事に対する準備が並行して行われているということです。人生がマルチステージ化したというより、ハイブリッド化したと考えるほうが実態に合っています。

もちろん、次のステージに向かうことは簡単なことではありません。『LIFE SHIFT』では「変身資産」、つまり変化に対応し、機会を生かす能力の重要性が指摘されていましたが、そのための取り組みへの意識を強く持つことが大切です。

仕事のステージ、育児のステージなどとは別に、次のステージに備えるステージという見方をすれば、あらゆるステージはハイブリッドなステージと考えられるのです。仕事の中断はキャリアにおける大きなリスクです。しかし、それを次のキャリアに向かう準備期間として捉え直すことは、人生の成果を最大化する大きなポイントになります。

4 学生や教育関係者に向けて

1996年以来、文部科学省では教育の目的として、「生きる力」を身につけさせることが大きな目的となっています。その間、〝ゆとり教育〟と言われる時期や、それに対する反省というように何度か方針は変わりましたが、「生きる力」の重要性は一貫して強調されてきました。

「……いかに社会が変化しようと、自分で課題を見つけ、自ら学び、自ら考え、主体的に判断し、行動し、よりよく問題を解決する資質や能力など自己教育力」（1996年の中教審第一次答申）が重要であるとされ、さまざまな取り組みが教育現場でなされてきました。しかし、若者の多くは「安定志向」を持っており、大きな組織に属して人並み程度に働くことを希望するようになっています。仕事上の苦労や努力は敬遠されがちで、自分の能力を試したい、チャレンジしたいと考える人は少数派なのです。

ドラッカーのマネジメントの観点では、**「生きる力」とは社会で成果をあげる力のことです。成果をあげることで社会における自分の価値がより大きくなるのです。成果をあげるためには主体的な行動の習慣が必要です。自分の頭で考え、行動の方向を決め、努力することが不可欠なのです。**

「若者にはチャレンジ精神が必要なのだから、大企業ではなく中小企業に就職すべきだ」というわけではありません。どのような進路を選択するかは個人の自由です。しかし、「大きな会社に入社できれば安心」とか、「資格があれば安心」という考え方はもはや通用しなくなったということです。

ハイブリッドワークライフは、「どのような大会社に入社しようとも、それが一生の安心を約束してくれるものではない」ことを前提にしています。今後数十年の間に、予想もできない大きな変化が何度も訪れる可能性が高いのです。

中教審の答申が述べているように「いかに社会が変化しようと、自分で課題を見つけ、自ら学び、自ら考え、主体的に判断し、行動」する力を身につけることが重要なのです。しかし、現実には「生きる力」の大切さが十分に伝わっていないように思われます。ハイブリッドワークライフが提唱していることは、学校教育が教育の課題として捉えていることと同じなのです。

学生やその教育に携わる先生方には、改めて「生きる力」の大切さを考えていただきたいと思います。

5 中高年の方や仕事をリタイアした方に向けて

「人生100年時代」と呼ばれる長寿化の時代には、「老後」の意味の捉え直しが必要になります。たとえば、現在、100歳の人の多くが45年間も老後を送っている。かつては55歳が定年退職の年齢だったからです。その方たちも、まさか自分の老後が45年間も続くとは想像していなかったことでしょう。

長寿化によってキャリアのステージはマルチ化、もしくはハイブリッド化しました。「老後」は固定的ではなく、流動的な意味を持つようになります。そして、主体的な行動の積み重ねの差によって、ワークライフの豊かさの差が出てくるようになるでしょう。

十分な職務能力と心身の健康を保持して、定年後も70歳、場合によっては75歳や80歳まで働く人も出てくるでしょう。また、仕事自体はリタイアするものの、コミュニティ活動などの社会活動に積極的に参加し、貢献するライフスタイルを持つ人も多くなるでしょう。しかし、どちらの場合にもかなり早くから「老後」に向けた助走が必要になります。

特に組織や会社に所属する人は制度としての定年の年齢が明確になっています。その時までに準備を整えておく必要があるのです。ドラッカーは、第二の人生に向けた助走には少なくとも10年の期間が必要だと考えていました。

また、年齢が上がるほど、活動の土台となる肉体・精神・社会的健康への取り組みが重要になります。特に、「健康寿命」、つまり自立して日常生活を営める期間を延ばす努力は、人生の成果を最大化するために極めて重要です。しかし、男性は平均的に最後の9年間、女性の場合は12年間を健康寿命が失われた状態で過ごしているのです。

健康は年齢が上がるほど重要な意味を持ちますが、それは長い間の行動の積み重ねの結果でもあります。早い段階から少しずつ健康への取り組みをはじめ、中高年以降は本格的に取り組むべきでしょう。

「老後」を無為な時間と捉えるのではなく、ハイブリッドワークライフの一つの側面として積極的に位置付けることが大切です。

6 企業の人事やCSRの担当者に向けて

本書では日本型の雇用関係の制度改革が、ワークライフバランスからワークライフインテグレーションへと移行しつつあると指摘しました。

ワークライフバランスは「9時から5時まで」という仕事とプライベートを明確に区別する前提に立ち、プライベートの時間をしっかりと確保するような雇用制度を組織や企業に求めるコンセプトです。それが知識社会の進展によってワークライフインテグレーションが求められるようになったのです。

企業の人事担当者やCSRの担当者の対応は、おおむね2つに分かれているように思われます。

一つは、一連の働き方改革などへの対応を、コンプライアンス問題として捉えようとする動きです。「しっかりと対応しないとペナルティを受け、悪評が広まることになるかもしれない」という考えが根底にあります。消極的な対応と言えるでしょう。

もう一つは、それをチャンスと考え、自社の発展のために経営戦略に組み込もうとする対応です。明確なビジョンに基づき、現状を打破しようとする積極的な対応と言えます。

現実には消極的な対応をする組織、会社が多数派になるでしょう。表面上は先進性を謳いながら、実際には小手先の改善にとどまり、既存の雇用制度を基本的には変えないというところが多いでしょう。

しかし、遅かれ早かれワークライフインテグレーションが前提とする、仕事とプライベートを一体化させる働き方、「ジョブ型」への対応は、特に先進的な企業、好業績企業には不可欠になると思われます。

また、新しい雇用制度では個人の主体性が重要になります。ワークライフインテグレーションの中身を理解するとともに、それを働き手の立場になって捉え直すハイブリッドワークライフの考え方を知っておく必要が出てくるでしょう。

近年、ＳＤＧｓ（Sustainable Development Goals：持続可能な目標）への注目が高まっていますが、その17の目標のうちの8番目は「働きがいも経済成長も」となっています。それを実行する場合、ワークライフインテグレーションやハイブリッドワークライフの考え方は不可欠になるでしょう。

ハイブリッドワークライフのポイント

◎制約条件の中で人生の成果を最大化する。
◎主体的に行動する、つまり、自ら考え、決断し、取り組む。
◎主体的行動が良い機会につながる。
◎主体的行動が充実感、達成感、満足感を生む。
◎主体的行動がキャリアのリスクを減少させる。
◎主体的行動には失敗がつきもの。
◎適切な失敗が増えると成功の可能性が高まる。
◎仕事とプライベートを一体化して捉える。
◎現在の成果、将来の成果の準備、土台となる健康の領域に取り組む。
◎人生のステージはハイブリッド化する、つまり、複数のステージを同時に生きる。

〈主な参考文献〉

◎『明日を支配するもの　21世紀のマネジメント革命』P・F・ドラッカー著／ダイヤモンド社刊（1999年）
◎『ネクスト・ソサエティ　歴史が見たことのない未来が始まる』P・F・ドラッカー著／ダイヤモンド社刊（2002年）
◎『現代の経営（上・下）』P・F・ドラッカー著／ダイヤモンド社刊（2006年）
◎『経営者の条件』P・F・ドラッカー／ダイヤモンド社刊（2006年）
◎『創造する経営者』P・F・ドラッカー／ダイヤモンド社刊（2007年）
◎『マネジメント（上・中・下）』P・F・ドラッカー／ダイヤモンド社刊（2008年）
◎『完全なる経営』A・マズロー／日本経済新聞出版刊（2001年）
◎『嫌われる勇気』岸見一郎著・古賀史健著／ダイヤモンド社刊（2013年）
◎『10年後に食える仕事　食えない仕事』渡邉正裕著／東洋経済新報社刊（2020年）
◎『安いニッポン　価格が示す停滞』中藤玲著／日経新書（2021年）
◎『クランボルツに学ぶ夢のあきらめ方』海老原嗣生著／星海社新書（2017年）
◎『LIFE　SHIFT　100年時代の人生戦略』L・グラットン著、A・スコット著／東洋経済新報社刊（2016年）
◎『元祖プロコーチが教える育てる技術』J・ウッデン著、S・ジェイミソン著／ディスカヴァー・トゥエンティワン（2014年）
◎『21世紀の新しい働き方「ワーク&ライフ　インテグレーション」を目指して』経済同友会（2008年）
◎『令和元年版　高齢社会白書』内閣府（2019年）
◎『働くことへの意識調査』日本生産性本部（2019年）

浅沼宏和（あさぬま・ひろかず）
1963年静岡県浜松市生まれ。税理士、公認内部監査人（ＣＩＡ）。(株)TMAコンサルティング代表取締役・浅沼総合会計事務所所長。早稲田大学政治経済学部卒業、中央大学大学院法学研究科修了、名古屋学院大学大学院博士後期課程修了。ドラッカーのマネジメントを取り入れた経営戦略を取り入れたコンサルティングをおこなっている。また、ドラッカーのマネジメントの実践法を取り入れた企業研修、セミナーを実施し、大好評を得ている。ドラッカー学会会員、日本会計研究学会会員。
主な著書に『世界一やさしいドラッカーの教科書』『世界一やさしいマイケル・ポーターの「競争戦略」の教科書』『ストーリーでわかるスターバックスの最強戦略』（共にぱる出版刊）、『ドラッカーが教えてくれた経営戦略作成ノート』(中経出版刊)、『キーワード読む経営学』(共著・同文館)等がある。

〔連絡先〕株式会社 TMA コンサルティング
〒430-0906　静岡県浜松市中区住吉 4-1-19
Tel：053(473)4111
Mail：info@tma-cs.jp
URL：http://www.tma-cs.biz

ドラッカーに学《まな》ぶ
「ハイブリッドワークライフ」のすすめ

2021年10月15日　初版発行

著者　浅沼宏和
発行者　和田智明
発行所　株式会社 ぱる出版

〒160-0011　東京都新宿区若葉 1-9-16
03(3353)2835 ― 代表　03(3353)2826 ― FAX
03(3353)3679 ― 編集
振替　東京 00100-3-131586
印刷・製本　中央精版印刷(株)

ISBN978-4-8272-1307-2　C0034